I love Ecuador & Galapagos Reiseführer

von

S. L. Giger als *SwissMiss on Tour*

„Hör nicht auf das, was andere sagen - geh und sieh selbst."
- Chinesisches Sprichwort

ISBN: 9798611526774

Im Selbstverlag herausgegeben. Kontaktperson: Seraina Cavalli-Giger/ Bachwisenstr. 7c/ 9200 Gossau
swissmissontour@gmail.com
Übersetzt aus dem Englischen durch: Seraina Cavalli-Giger
Umschlaggestaltung: Seraina Cavalli-Giger
Titelbild: Chris Charles von Unsplash
Gedruckt durch Amazon

Erhalte eine gratis Packliste

Vergesse nie wieder etwas Wichtiges und verschwende keine Zeit mit Packen. Lies lieber noch mehr gute Tipps über Deine Destination! Sende eine E-Mail mit dem Betreff: **Packliste**, um eine gratis Packliste zu erhalten. Zusätzlich bekommst Du die Highlights aus meinem Thailand Reiseführer.

Schicke die E-Mail an: swissmissstories@gmail.com und Du erhältst Dein Geschenk.

Inhalt

Warum sollte ich diesen Reiseführer anstelle eines anderen wählen?

Hast Du nur begrenzt Zeit (wie zwei oder drei Wochen) und bist Dir nicht ganz sicher, welche Orte Ecuadors in Deinen Zeitplan passen? Hast Du Zweifel, ob Du Dir eine Reise auf die Galapagos leisten kannst oder wie Du die Reise am besten organisieren solltest? Dieser Reiseführer wird Dir helfen, diese Entscheidungen zu treffen, damit Du Dich wirklich auf die Must-Sees von Ecuador konzentrieren kannst. Freue Dich auf bunte Regenwälder mit einer reichen Tierwelt, donnernde Wasserfälle und unglaubliche Aussichten auf Vulkane.

Wahrscheinlich wird der übliche Reiseführer, der über jede kleine Stadt spricht, Deinen Zeitrahmen platzen lassen. Daher findest Du nur das Beste vom Besten in *I love Ecuador*, womit man immer noch leicht drei Wochen bis einen Monat füllen könnte, aber man kann die Orte auch in einer kürzeren Zeit besuchen.

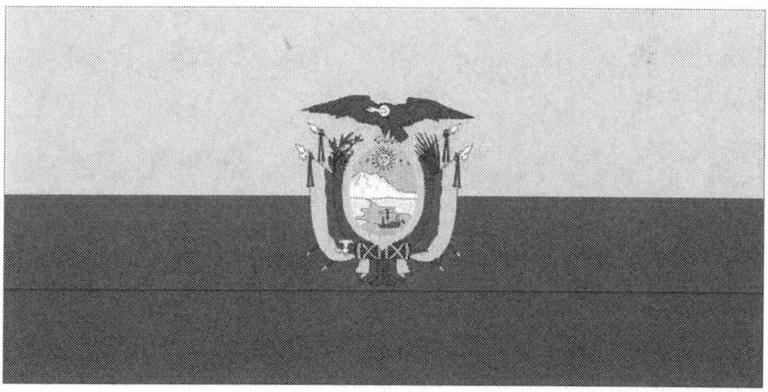

Möchtest Du Deine eigene, reibungslose Reise in Ecuador planen? Dieser Reiseführer wird Dir dabei helfen.

Vor meiner ersten Reise nach Ecuador machte ich mir Sorgen, weil die Leute kein Englisch sprechen, und um die Sicherheit im Allgemeinen. Ich dachte, ich würde ausgeraubt oder mit einer Waffe bedroht werden und als weibliche Solo-Reisende sowieso eine leichte Zielscheibe sein. Also bereitete ich mich mit Sicherheitstipps (die ich auch in dieses Buch aufgenommen habe) auf meine Reise vor. Der erste Besuch in Ecuador war so positiv, dass ich danach zweimal zurückkehrte, um mehr Zeit in diesem vielfältigen Land verbringen zu können.

Wenn Du diesen Reiseführer liest, wirst Du das Beste von Ecuador erleben, ohne weitere Recherchen betreiben zu müssen. Du findest eine zweiwöchige Reiseroute mit detaillierten Anleitungen und weiteren Ideen und Beschreibungen.
Falls Du Dir Sorgen wegen der spanischen Sprache machst, gibt es am Ende dieses Buches einen kleinen Sprachführer mit hilfreichen Wörtern. Ansonsten solltest Du mit Händen, Füßen und in seltenen Fällen *Google Übersetzer* gut klarkommen.

Jetzt bist Du an der Reihe, das vielfältige Ecuador zu erkunden.

Vamos!

Gründe, warum Du Dich auf Deine Reise in Ecuador freuen kannst, falls Du noch nicht ganz überzeugt bist

Herzlichen Glückwunsch! Da Du dieses Buch in den Händen hältst, denkst Du wahrscheinlich zumindest darüber nach, nach Ecuador zu reisen. Aus mir unerklärbaren Gründen ist es oft ein übergangenes Land. Die Leute haben nur eine begrenzte Zeit für einen Urlaub und müssen sich zwischen Kolumbien, Peru, Brasilien oder Argentinien entscheiden. Für die geringe Größe Ecuadors im Vergleich zu seinen Nachbarländern hat es jedoch mehr Höhepunkte zu bieten! Ich hoffe, dass ich mit diesem Reiseführer meine Liebe zu Ecuador auf Dich überspringen lassen kann - meine Begeisterung für die Salsa-Musik, die man überall hört, die lokale Schokolade, die Artenvielfalt, die hilfsbereiten Menschen und die indigenen Kulturen, die noch heute zu sehen sind.

In Ecuador ist es möglich, beim Surfen Wale zu beobachten, auf schneebedeckten Vulkanen zu wandern (auch auf einem der höchsten aktiven Vulkane Südamerikas), bunte und exotische Vögel mit eigenen Augen zu entdecken, Fahrräder zu Wasserfällen zu fahren oder sich in Thermalbädern oder auf luxuriösen Kreuzfahrtschiffen verwöhnen zu lassen. Da das Festland Ecuadors noch nicht so bekannt ist wie einige der Nachbarländer, ist es noch nicht so überrannt und es wäre ein guter Zeitpunkt für einen Besuch (falls nicht gerade protestiert wird*).

Ich verfügte nur über einen touristischen Spanisch Wortschatz, als ich das erste Mal nach Ecuador reiste. Einige Leute sprechen Englisch, aber Du wirst einen viel besseren Draht zu den Einheimischen haben, wenn Du die wenigen Wörter auf Spanisch lernst, die ich am Ende dieses Buches beigefügt habe. Es war immer einfach, die Informationen zu finden, die ich brauchte, da die Leute freundlich sind.

*Ein Wort zu den Protesten: Während der ganzen Zeit, die ich in Ecuador verbrachte, spürte ich nichts von den politischen Spannungen. Alle waren nett und hilfsbereit. Dann, am Tag, nachdem ich das Land verlassen hatte (ich Glückspilz) wurden Straßen blockiert, Gebäude angezündet und die Touristen steckten fest. Diese schnelle Negativspirale war für mich ein ziemlicher Schock. Die Gewalt richtete sich jedoch nicht gegen die Touristen, sondern gegen die Regierung. Es war einfach ärgerlich für die Touristen, weil sie ihre Reise nicht wie geplant durchführen konnten und traurig für Ecuador, dass es keinen besseren Weg gab, um gegen die Probleme zu kämpfen. Die schlimmste Zeit dauerte etwa 11 Tage und danach war es wieder okay, zu reisen. Lass Dich also nicht abhalten, weil Du etwas Schlechtes über Ecuador in den Nachrichten hörst oder liest. Ja, Du solltest Dich auf der Regierungs- oder Reiseberatungsseite Deines Landes über die aktuelle Situation Ecuadors informieren bevor Du abreist. Dies ist wichtig für jedes Land, welches Du in Südamerika besuchen möchtest, da sich die Situation von einem Tag zum anderen ändern kann und dieser Reiseführer diesbezüglich nie aktuell genug sein wird. Aber selbst, wenn es online einige Worte der Warnung gibt, kann ich aus eigener Erfahrung sagen, dass die Probleme (außer in diesen 11 Tagen nach dem ersten großen Ausbruch im Oktober 2019) in der Regel auf einen Ort in einer Stadt konzentriert sind. Touristen können die Proteste vollständig vermeiden. In Santiago und Valparaíso in Chile wurden beispielsweise Menschen mit Tränengas vergast und in Buenos Aires demonstrieren jeden Tag Menschen. Das Fernsehen lässt es so aussehen, als sei das ganze Land ein Kriegsgebiet. Meine Reiseroute führte jedoch während dieser Zeit durch diese Länder und da ich viele andere Reisende traf, die gerade von diesen Orten kamen und mir versicherten, dass es in Ordnung sei, sich dort als Tourist aufzuhalten, ließ ich mich zum Glück nicht von meinen Reiseplänen abbringen und hatte eine angenehme Zeit. Touristen sind schließlich eine wichtige Einkommensquelle für diese Länder.

Zusammenfassend ist essenziell, dass Du Dich über die aktuelle Reisesituation eines Landes, das Du besuchen möchtest, informierst (vielleicht indem Du eine Herberge kontaktierst) und das Kapitel mit den **Sicherheitstipps** liest, die ich in diesen Reiseführer aufgenommen habe. Ich bin sicher, dass Du so eine genauso tolle Zeit in Ecuador haben wirst, wie ich es getan habe.

Über die Autorin dieses Reiseführers

Seraina liebt es, zu reisen, seit sie sich erinnern kann. Es begann mit Strandurlauben mit ihrer Familie, als sie ein Kind war, aber bald suchte sie ihre eigenen Wege. Sie hatte das Glück, mit 15 Jahren ein tolles Austauschjahr in New York verbringen zu können. Damals fing sie an, ihren ersten Reiseblog zu schreiben, welcher sich dann zu SwissMissOnTour (www.swissmissontour.com) entwickelte. Später erkundete sie Europa mit Interrail, wurde aber auch von den weiter entfernten, exotischen Ländern angezogen. Durch unzählige Reisen nach Südostasien verliebte sie sich in die köstlichen Aromen, die schönen Tempel und Naturhighlights Asiens.
Südamerika war immer in ihrem Hinterkopf, aber dafür wollte sie mehr Zeit haben, um nicht in jedem Urlaub so weit fliegen zu müssen. Als der Zeitpunkt stimmte, kündigte sie ihren Job, um Südamerika in vollen Zügen zu genießen.
Als sie dies schrieb, saß sie in einem Café in Buenos Aires und genoss immer noch jede Minute dieser großen Reise.

Ecuadors Höhepunkte

Ich bin überrascht, wie viele Reisende Ecuador auf ihrer Südamerika-Reise überspringen. In diesem vergleichsweise kleinen Land hat es eine so hohe Konzentration an Highlights! Hier sind meine drei Favoriten vom Festland. Galapagos habe ich als Bonus am Ende des Buches hinzugefügt und die ganzen 10 Tage auf den Inseln waren ein Highlight, da es unglaublich ist, wie viele verschiedene wilde Tiere man sieht und wie es ihnen einfach egal ist, wenn sich Menschen in ihrer Nähe aufhalten.

1 Vulkan Cotopaxi

Lass Dich vom rotbraunen Vulkan mit dem schneeweißen Gipfel beeindrucken. Egal, ob Du ihn zu erklimmen versuchst oder ihn aus der Ferne beobachtest, er sieht atemberaubend aus gegen den blauen Himmel.

2 Walbeobachtung in Puerto Lopez

Normalerweise beinhaltet ein Walbeobachtungsausflug eine lange Anreise und einen ganzen Tag auf dem Boot, um vielleicht einen Blick auf eine Flosse eines Wals erhaschen zu können. Wenn Du Dich zwischen Juni und September in Ecuador befindest, kannst Du jedoch im Hafen von Puerto Lopez in ein kleines Boot steigen und innerhalb von zwanzig Minuten wirst Du von mindestens zwei Walen umgeben sein. An vielen Tagen kannst Du die Wale sogar vom Strand aus sehen, aber das Boot hilft Dir, jedes Detail dieses herrlichen Tieres studieren zu können.

3 Pailón del Diablo, Baños

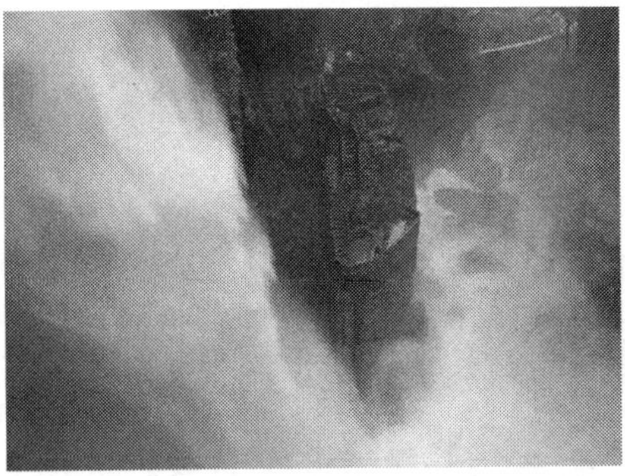

Mir gefiel es auch sehr, im ruhigen Wald von Mindo Kolibris zu beobachten, aber als echte Wasserfallliebhaberin muss ich diesen unglaublichen Wasserfall auf die Highlights-Liste setzen. Er ist sehr touristisch, aber auch eine abenteuerliche Sehenswürdigkeit.

Dinge, die Du beachten solltest, bevor Du Ecuador besuchst, um die bestmögliche Reise zu haben

In diesem Kapitel findest Du alle Informationen, die Du für eine reibungslose Reise in Ecuador kennen musst.

Währung

Ecuador verwendet den US-Dollar. Die Kurzform ist USD. Zum Zeitpunkt des Schreibens dieses Buches betrug 1 EUR = 1.11 USD. Den aktuellen Wechselkurs kannst Du ermitteln, indem Du beispielsweise EUR zu USD in die Google-Suchleiste eintippst.

Es ist nicht üblich, mit einer Kreditkarte zu bezahlen. Bringe daher kleine Scheine von 5, 10 und 20 Dollar und, wenn möglich, einige Münzen und 1-Dollar-Scheine mit, sodass Du Bustickets oder Essen auf Märkten bezahlen kannst. Wechselgeld ist sowieso selten vorhanden, geschweige denn für große Noten.

Visa und Impfungen

Wenn Du bis zu 90 Tage bleiben möchtest, ist für Ecuador kein Visum erforderlich. Für den Einreisestempel benötigst Du nur einen gültigen Reisepass mit einer leeren Seite. Der Reisepass muss 6 Monate über die Einreise nach Ecuador hinaus gültig sein. Des Weiteren benötigst Du eine Krankenversicherung, die alle gesundheitlichen Probleme während Deines Aufenthaltes in Ecuador abdeckt, sowie ein Rückflug- oder Weiterflugticket. Ich hatte keinen

Weiterflug, aber ich flog zuerst nach Galapagos und dann von Galapagos nach Quito und sagte, ich würde Ecuador mit dem Bus verlassen. Glücklicherweise hatte ich deshalb kein Problem.

Du **benötigst** ein Visum, wenn Du einen Reisepass aus einem der folgenden Länder besitzt:

Afghanistan, Angola, Bangladesch, Kamerun, Kuba, Nordkorea, Demokratische Republik Kongo, Eritrea, Äthiopien, Gambia, Ghana, Guinea, Indien, Irak, Kenia, Nepal, Nigeria, Libyen, Pakistan, Somalia, Senegal, Sri Lanka, Syrien.

Impfungen

Für Ecuador werden die üblichen Routineimpfungen empfohlen. Wenn Du mit Tieren arbeiten möchtest oder Dich länger im Amazonasgebiet aufhalten wirst, empfiehlt es sich außerdem, eine Tollwutimpfung durchzuführen.

Eine Gelbfieberimpfung ist seit dem Jahr 2000 nicht mehr obligatorisch. Du brauchst jedoch den Nachweis der Gelbfieberimpfung, wenn Du aus einem Land anreist, das als Gelbfieberrisikogebiet gilt (z. B. Brasilien oder Angola).

Dengue-Fieber, Malaria, Gelbfieber und das Zika-Virus sind in Ecuador alle präsent. Um diese Krankheiten zu verhindern, solltest Du lange Kleidung tragen, wenn Mücken aktiv sind und ein Anti-Mücken-Spray mit einem hohen DEET-Faktor verwenden.
Um Mücken sonst noch fernzuhalten, gaben mir die Einheimischen den folgenden Tipp (ich habe es nicht ausprobiert, aber so viele Leute haben geschworen, dass dies funktioniert): Jeden Morgen sollte man 40 Tropfen Propolis (Propoleo) in eine halbe Tasse Wasser geben und dies trinken. Beginne 5 Tage bevor Du in ein von Mücken befallenes Gebiet gehst mit dieser Behandlung.

Klima und beste Reisezeit

Ecuadors Wetter wechselt zwischen Trocken- und Regenzeit. Die kühlere Trockenzeit ist zwischen Mai/Juni und November und die wärmere Regenzeit dauert von Dezember bis April/Mai. Dies sagt uns jedoch noch nicht, was die beste Reisezeit wäre, da dies eher davon abhängt, welche der verschiedenen Aktivitäten, die Ecuador zu bieten hat, Dich am meisten interessieren. An der Küste ist der Himmel während der Regenzeit klarer und die Tage sind wärmer. In der Trockenzeit sind die Tage oft bewölkt und kühl. Auf der anderen Seite fällt die Walsaison in die Trockenzeit. Wenn Du das Spektakel der großen Buckelwale sehen willst, die Tricks vor Deinem kleinen Boot vorführen, musst Du Ecuador zwischen Juni und Oktober besuchen.

Für das Hochland und Wanderungen ist es ratsamer, während der Trockenzeit nach Ecuador zu reisen. Andererseits kann das Wetter rund um die Vulkane an einem Tag alle vier Jahreszeiten durchmachen. Daher solltest Du genügend Schichten einpacken.

Im Amazonasgebiet regnet es das ganze Jahr über, aber definitiv am meisten im Dezember und Januar. Dann könnte es schwierig werden, aufgrund der üppigen Flora, Wildtiere zu finden und Straßen könnten überflutet sein. Andererseits trocknen am Ende der Trockenzeit die Wasserwege aus und die Lodges müssen für ein oder zwei Monate schließen. Die beste Zeit für eine Reise in den Amazonas in Ecuador ist daher April bis Juli.

Für Galapagos ist die beste Zeit die wärmere Jahreszeit, die von Dezember bis Mai dauert. Weihnachtszeit, Anfang Januar und Juli bis August sind die Hauptreisezeiten für die Galapagos (sowie für den Rest von Ecuador) und die Preise könnten teurer und die Unterkünfte eher voll sein. Daher sind die besten Monate für Galapagos wahrscheinlich April und Mai.

Wie Du siehst, hängt die beste Zeit für einen Besuch wirklich davon ab, was Du tun möchtest und Du kannst das ganze Jahr über eine gute Reise erleben. Ich war im August und September in Ecuador und war generell zufrieden mit dem Wetter, das ich hatte (mit Ausnahme der Wassertemperatur auf Galapagos, die beim Schnorcheln zu kurzen Schockerfrierungen des Gehirns führte).

Trinkwasser

Das Leitungswasser in Ecuador ist für Touristen nicht trinkbar und Du könntest Dir den Magen verderben, wenn Du Leitungswasser trinkst. Kaufe daher Wasserflaschen oder Wasserbeutel mit gefiltertem Wasser, auch wenn Dir jemand sagt, dass das Wasser trinkbar (potable) ist. Selbst bei Eiswürfeln sollte man immer fragen, ob sie aus gefiltertem Wasser bestehen. Ich ging so weit, dass ich meine Zähne mit gefiltertem Wasser putzte. Glücklicherweise hatte ich auf diese Weise keine gesundheitlichen Probleme.

Manchmal gibt es Wasserspender in den Unterkünften, wo Du Deine Flaschen kostenlos auffüllen kannst. Wenn Du nicht ständig an das Kaufen von Wasser denken willst, empfehle ich, einen Reisewasserfilter zu verwenden. Dann wirst Du, egal wo Du bist, immer eine trinkbare Wasserquelle finden. Zudem wirst Du Plastikmüll vermeiden, Geld sparen und hast sicherlich immer Trinkwasser zur Stelle, auch wenn Du mitten in der Nacht an einem neuen Ort ankommst und die Geschäfte bereits geschlossen sind. Solche Wasserfilter kann man in Sport- und Reisegeschäften kaufen.

Sicherheitstipps für Ecuador

Ich fühlte mich nur einmal etwas unsicher in Ecuador, als ich nachts vom Busbahnhof zu meiner Herberge in Quitos Altstadt zurückkehrte. Verlassene Straßen im historischen Zentrum von Quito nach Einbruch der Dunkelheit sind wirklich nicht der Ort, wo man sich aufhalten sollte. Zum Glück passierte jedoch nichts und so verbrachte ich 98 % meines Aufenthaltes sorgenfrei. Ich habe jedoch aus erster Hand Geschichten von anderen Touristen gehört, die in Quito oder in Nachtbussen ausgeraubt wurden. Damit Dir das nicht passiert, habe ich eine Liste mit 7 Tipps erstellt, wie Du es vermeidest, Dich in Ecuador in eine gefährliche Situation zu begeben.

Frage die Einheimischen nach Sicherheitshinweisen

Die Einheimischen wissen am besten, wie sicher ein bestimmter Ort ist. Frag daher Dein Hotel oder Hostel, ob Du alleine zu diesem Wasserfall wandern kannst oder ob es in Ordnung ist, mit dem ÖV herumzufahren. Im Zweifelsfall habe ich meine Herbergen vorher kontaktiert und sie gefragt, ob ich mit öffentlichen Verkehrsmitteln anreisen kann oder ob ich besser ein Taxi nehmen sollte. Du kannst

Google Translate verwenden, um Deine Fragen ins Spanische zu übersetzen, falls Du kein Spanisch sprichst oder einfach sehen, ob sie Englisch sprechen.

Bewege Dich in bevölkerten Gebieten

Es ist wahrscheinlicher, dass Du überfallen wirst, wenn Du die einzige Person in einer Gasse bist. Versuche daher, die Stadtteile zu erkunden, in denen auch andere Menschen unterwegs sind. Andererseits sind sehr überfüllte Orte wie die öffentlichen Busse in Quito oder irgendwo während eines Festivals ein Paradies für Taschendiebe. Bringe daher einfach keine Wertsachen mit oder gib diese nie aus der Hand.

Trage keinen Schmuck

Vielleicht habe ich dies ein wenig übertrieben, aber sicher ist sicher. Ich ließ meinen Fingerring zu Hause und trug weder meine Uhr, Ohrringe noch irgendwelche Armbänder oder Halsketten.
Der beste Schutz ist, sich so zu präsentieren, als ob man gar nichts besitzt, was es wert ist, gestohlen zu werden.

Lass Dein Handy im Schließfach Deiner Unterkunft, wenn Du es nicht unbedingt brauchst

Ich habe in allen Städten Fotos mit meinem Handy gemacht und zum Glück bin ich immer noch im Besitz davon. Zweimal warnten mich Einheimische, dass ich mein Handy versorgen sollte, da es mir jemand aus den Händen reißen könnte (beide Male war dies im historischen Teil von Quito). Ich versuchte deswegen immer achtsam zu sein, während ich mein Telefon benutzte. Es ist nicht so, dass jemand Dein Handy stiehlt, sobald Du ein Foto schießt. Je wachsamer Du bei der Verwendung Deines Telefons bist, desto weniger wird es gestohlen. Es ist gefährlicher, wenn Du nachts ausgehst und Dein Handy dabei hast und es in Deiner Hosentasche oder einer Handtasche hast. Wenn Du es vermeiden kannst, solltest Du das Telefon nicht mitnehmen, wenn Du abends ausgehst oder wenn Du Dich an den Strand legst. Besonders auf den Nachtbussen oder wenn Du in einen Bus ein- oder aussteigst, solltest Du Dein Handy sicher in einer Jackentasche versorgen, welche man mit einem Reißverschluss schließen kann.

Verwende Uber oder Cabify

In Quito und Guayaquil sind Uber und Cabify verfügbar. Cabify war meistens etwas günstiger. Diese beiden Taxi-Dienste sind online nachverfolgbar, was sie sicherer macht. Während ich tagsüber und auch nachts den Bus benutzte, ist es nicht immer ratsam, nach Einbruch der Dunkelheit von der Herberge zum Busbahnhof oder andere kurze Wege zu Fuß zu gehen. Bestelle Dir daher besser ein Uber oder lass jemand anderes eins für Dich bestellen, falls Du Dein Telefon nicht mitgebracht hast.

Verteile Dein Geld

Bewahre nicht alle Deine Karten und Dein Geld in einem Portemonnaie auf. Verteile das Geld und die Bankkarten auf mehrere Stellen Deines Gepäcks. Bringe jeweils nur so viel Geld mit, wie Du für die Zeit benötigst, die Du außerhalb der Unterkunft verbringst. In Ecuador ist es noch nicht sehr verbreitet, mit Kreditkarte zu bezahlen (außer in größeren Hotels) und daher benötigst Du kleinere Scheine und Münzen. Um auf der noch sichereren Seite zu sein, halten einige Leute eine Scheinbrieftasche mit einer kleinen Menge Geld bereit, welche sie dem Dieb einfach übergeben, falls sie ausgeraubt werden.

Tausche Deinen Rucksack oder Deine Handtasche durch eine Plastiktüte oder eine billige Einkaufstasche
Statt einer teuer aussehenden Hand- oder Kameratasche, trägst Du Deine Kamera oder alles andere, was Du während des Tages brauchst, in einer billigen Plastiktüte mit herum. Ich reiste mit einer kostenlosen, wiederverwendbaren Einkaufstasche durch Südamerika und trug manchmal meinen Laptop darin herum, während das niemand erwartet hätte. Präsentiere Dich so, als ob es bei Dir gar nichts zu holen gäbe.

Mit diesen Tipps hoffe ich, dass Du nur die positiven Seiten Ecuadors erleben wirst.

Wie man Höhenkrankheit vermeidet

Mit Höhenkrankheit ist nicht zu spaßen, denn es kann einem sogar ins Krankenhaus bringen. Während Deines Urlaubs möchtest Du sicherlich vermeiden, dass Du Dich lausig fühlst oder einen Arzt aufsuchen musst. Höhenkrankheit kann jeden treffen, egal wie fit, unfit, sportlich oder faul man ist. Manchmal ergibt es keinen Sinn, wer davon betroffen ist.
Wenn Du von Meereshöhe kommst, könntest Du bereits außer Atem geraten, wenn Du auf 2000 m eine Treppe

hinaufgehst. Falls Du aus einem höheren Land anreist, sagen wir von 800 m ü. M. in Österreich, wirst Du auf 2000 m wahrscheinlich nichts bemerken.

Ecuador hat mehrere Städte, die sich auf einer Höhe von über 2500 m befinden, zum Beispiel Papallacta (3300 m), Tulcan (2980 m), Quito (2850 m), Riobamba (2750 m), Latacunga (2750 m), Ambato (2580 m) und Cuenca (2560 m). Abgesehen von diesen Städten, findet man in Ecuador mehrere hohe Vulkane, welche man erklimmen kann. Zum Beispiel Chimborazo mit einer Höhe von 6270 m, Cotopaxi (5900 m), Pichincha (4780 m) oder die Quilotoa Lagune (3910 m).
Für viele Menschen sind 2500 m die Grenzlinie, ab welcher sie kleinere Symptome der Höhenkrankheit verspüren. Einige Menschen leiden leider sogar schwer darunter. Lies daher die folgenden Informationen und Tipps sorgfältig durch und Du wirst Deinen Aufenthalt in Ecuador hoffentlich ohne Probleme verbringen.

Symptome der Höhenkrankheit

Es beginnt mit einer trockenen Haut und einem Kratzen im Hals. Jede Art von Bewegung (Treppen oder Hügel hinaufgehen) erscheint einem viel schwieriger, als es normalerweise ist und kann Schwindel verursachen. Selbst das Drehen im Bett könnte Herzrasen bewirken. Vielleicht hast Du Kopfschmerzen und wahrscheinlich fühlst Du Dich aufgebläht. Wenn es richtig schlimm wird, ist Dir übel und Du musst Dich sogar übergeben. Falls Du auch noch Fieber bekommst oder dieser Zustand länger als zwei Tage anhält, solltest Du einen Arzt aufsuchen und versuchen, auf eine niedrigere Höhe herabzusteigen. Das ist sowieso das beste Heilmittel.

Tipps zur Vermeidung von Höhenkrankheit

1. Trink viel Wasser

Vor allem, wenn Du mit dem Flugzeug angekommen bist, ist es wichtig, dass Du in 24 Stunden drei Liter Wasser trinkst. Die trockene Luft im Flugzeug hat Dich bereits dehydriert und die Höhe tut das gleiche nochmals.

2. Kein Alkohol am ersten Tag (oder sogar danach, wenn Du Symptome der Höhenkrankheit spürst)

Alkohol dehydriert Dich zusätzlich zur trockenen Luft und wenn Dir schwindelig ist, ist es nicht hilfreich, Dein Blut mit Alkohol zu mischen.

3. Geh es langsam an

Besteige nicht sofort nach einem Nachtbus oder nach der Ankunft von einem Ort auf einer niedrigeren Höhe einen Berg. Selbst wenn Du vorher schon einmal über 5000 m warst und Dich dabei gut gefühlt hast, könnte die Höhe von 3000 m Dich das nächste Mal stören, wenn Du in der Zwischenzeit auf Meereshöhe herabgestiegen bist. Daher solltest Du am ersten Tag über 2500 m jeweils entspannen. Mache gemütliche Spaziergänge durch die Stadt. Schau, wie es Dir dabei geht und plane dann Ausflüge für die folgenden Tage.

4. Esse leichte Kost

Die Höhe wird Deinen Darm zusammendrücken wie eine Plastikflasche. Alles, was nicht hineinpasst, wird herauskommen. Du wirst es am Geruch in den Bussen bemerken, dass die Menschen viel mehr furzen als normal. Damit Dir also nicht übel wird, solltest Du am ersten Tag die Zwiebeln aus Deinem Essen herauslesen und wenn möglich nicht gleich mit einem riesigen Steak oder einem fettigen Burger mit Pommes beginnen. Am besten hältst Du Dich an Suppe und Gemüse.

5. Trinke Coca-Tee

Coca-Tee half mir, als ich auf 5000 m auf dem Cotopaxi herumkraxelte. Coca-Blätter geben einem Energie und helfen auch gegen Magenverstimmungen oder Kopfschmerzen. Zudem waren die Coca-Blätter das einzige „Nahrungsmittel", welches ein Mädchen auf unserer Uyuni Tour noch zu sich nehmen konnte, da ihr sonst speiübel war (die Arme).

Während es schwierig ist, in normalen Shops in Ecuador Coca-Blätter zu finden, kann man sie in den meisten

hochgelegenen Regionen kaufen (zum Beispiel im Refugio auf Cotopaxi).
Wenn Du weißt, dass Du anfällig bist für Höhenkrankheit, kannst Du in Apotheken zudem Coca Blätter in Pillenform auftreiben.

Mit diesen Tipps kannst Du Trekkings, Ausblicke und Busfahrten hoffentlich genießen, ohne Dich unwohl zu fühlen. Falls Du trotzdem einen Anflug von Höhenkrankheit hast, findest Du vielleicht einen Ort, der Sauerstoff zum Einatmen anbietet oder noch besser, Du begibst Dich auf eine Höhe, die niedriger als 2000 m ü. M. ist.

Wie das Busfahren in Ecuador eine angenehme Erfahrung wird

Glücklicherweise ist Ecuador nicht so groß wie die Nachbarländer und daher dauern Tagesbusse in der Regel zwischen 2 und 8 Stunden, während ein Nachtbus Strecken von ca. 10 Stunden zurücklegt (anstelle von 15 bis 27 Stunden in Brasilien, Kolumbien oder Argentinien). Andererseits sind ecuadorianische Busse nicht so luxuriös wie in den anderen Ländern. Bringe daher besser Deine eigenen Snacks und etwas zur Unterhaltung mit.

Wie Du ein Ticket buchst

In Ecuador ist es immer noch etwas schwierig, sich online nach Fahrzeiten zu erkundigen oder Tickets zu kaufen. Daher ist es die beste und günstigste Option, direkt bei den Busunternehmen am Busbahnhof zu buchen. Um die aktuellsten Zeiten und Routen zu überprüfen, kannst Du die gewünschte Strecke auf **Rome2Rio** (www.rome2rio.com/) suchen. In der Regel stehen direkt am Terminal jedoch noch mehr Optionen zur Verfügung. Deine Unterkunft oder ein Reisebüro können Dir im Notfall auch beim Kauf eines Bustickets behilflich sein.

Wie man sich im Nachtbus warm hält

Nachtbusse in Ecuador werden auf Gefrierschrank-temperaturen heruntergekühlt! Das ist kein Scherz. Ich trug einen Kapuzenpulli, meine Daunenjacke und meine Regenjacke. Die Regenjacke war toll, um die Luft von der Klimaanlage abzuschotten (und das Wasser, das in einem Nachtbus auf mich heruntertropfte – ekelhaft). Natürlich auch lange Hosen und Socken. Hinzu kommt, dass auf Nachtbussen in Ecuador eine hohe Anzahl von Touristen von Taschendieben ausgeraubt wird. Daher ist für Ecuador meine Empfehlung, Nachtbusse, wenn möglich, zu vermeiden.

Wie Dir im Bus nichts geklaut wird

Ich hatte keine Probleme mit der Sicherheit auf meinen Busfahrten, aber ich hörte mehrere Geschichten aus erster Hand von anderen Touristen, die in Bussen (am Tag und in der Nacht) in Ecuador ausgeraubt wurden. Meinen großen Rucksack checkte ich immer ins Abteil unter dem Bus ein. In dieser Tasche habe ich meinen Laptop, eine meiner beiden Kreditkarten und einen Teil meines Geldes. Wenn der Bus ausgeraubt wird, geschieht dies in der Regel an Bord des Busses von Leuten, die während eines Zwischenhalts kurz an Bord kommen und dann wieder verduften. Bewahre daher alle Wertsachen direkt auf Deinem Körper auf. Das Beste ist, wenn Du für Deinen Reisepass, Geld und Dein Telefon einen unsichtbaren Hüftgurt hast. Wenn Deine Jacke eine Tasche mit einem Reißverschluss hat, kannst Du das Handy auch da einschließen, während Du Deine Hand auf der Tasche behältst. Mehrere Handys anderer Reisenden wurden gestohlen, während sie schliefen und sie wachten jeweils nur mit ihrem Kopfhörerkabel in ihrer offenen Tasche auf. Auch das Handgepäck anderer Personen wurde aus dem Gepäckfach über dem Kopf oder von unterhalb des Sitzes gestohlen. Lege Deinen Rucksack niemals ins obere Gepäckfach, auch wenn Dir ein vermeintlicher Busmitarbeiter helfen möchte, Dein Gepäck dort oben zu verstauen. Dies ist meistens eine Taktik, um Wertsachen zu stehlen. Eine andere Möglichkeit ist, dass die Person, die hinter Dir sitzt, Dich unter dem Sitz hindurch beklaut (falls es eine Öffnung hat). Der sicherste Weg ist, nur Kleidung, Essen und Wasser im Handgepäck zu haben und dieses zwischen den Beinen zu halten.

Lerne Spanisch

Für Ecuador ist es sehr nützlich, wenn Du über einen einfachen, touristischen Wortschatz an Spanisch verfügst. Die gute Nachricht ist, dass man nicht viel wissen muss, um durchzukommen. Dennoch hat es einen großen Einfluss auf die Einheimischen, wenn Du die ersten Worte auf Spanisch äußerst. Dein Einsatz wird geschätzt und schnell wird aus einem Fremden ein Freund.

Ich habe zuerst mit der kostenlosen Duolingo App spanisch gelernt. Allerdings machte ich damit einfach keine Fortschritte, da es so viel unnötiges Vokabular gab, welches man auf einer Reise einfach nicht braucht. Zum Glück fand ich dann ***busuu***. Oder besser gesagt, ein russisches Mädchen, das seit vier Jahren in Südamerika lebt, empfahl es mir. Zuerst macht man einen Test, mit welchem man danach genau auf dem Spanisch-Niveau lernen kann, auf welchem man ist (nach Duolingo war ich kein kompletter Anfänger mehr) und die Art und Weise, wie es eingerichtet ist, lässt die Wörter und Grammatik ins Gedächtnis einsinken. Ich wurde schnell ein Fan und kaufte das Premium-Programm, um auf alle Lektionen zugreifen zu können und die App auch offline zu nutzen. Dies ist viel günstiger als einen Spanischkurs zu nehmen und man kann auch lernen, während man im Flugzeug oder Bus sitzt. Bald konnte ich Gesprächen zwischen Einheimischen folgen. Selbst zu sprechen, fällt mir immer noch schwer, aber es ist schön zu sehen, dass ich jeden Tag Fortschritte mache.

Die beste Möglichkeit, eine Sprache zu lernen, besteht jedoch immer noch darin, einen Kurs in dem Land zu absolvieren, in dem die Sprache gesprochen wird. Überall in Südamerika kannst Du Spanischlehrer finden (z. B. über Dein Hostel), um Privat- oder Kleingruppenunterricht zu nehmen. Falls Du Dich also in einen Ort verliebst, warum nicht ein paar Wochen dort verbringen und Spanisch lernen? Der beliebteste Ort Südamerikas, um Spanisch zu lernen, befindet sich nämlich in Ecuador, in Montañita. Die Kurse (www.montanitaspanishschool.com/) sind erschwinglich und Montañita ist eine tolle Strandstadt, die viele Bars und Clubs zum Feiern bietet, Hängematten zum Entspannen und Wellen, auf welchen man Surfen lernen kann.

Wi-Fi

Alle unsere Unterkünfte boten kostenloses WLAN und ab und zu fanden wir auch ein Restaurant und Café mit Wi-Fi (Starbucks gibt es hier noch nicht und man findet auch kaum ein McDonald's). Um also immer eine Internetverbindung zu haben, kannst Du Dir vor der Reise ein Datenpaket beim Telefonanbieter zu Hause kaufen oder Dir nach Deiner Ankunft eine lokale SIM-Karte besorgen. *Claro* und *Movistar* sind die größten Anbieter und bieten gute Datenpläne für Touristen. Besuche also nach Deiner Ankunft einfach eines ihrer Geschäfte und tausche Deine SIM-Karte durch eine lokale aus. Bewahren Deine eigene SIM-Karte in der Zwischenzeit an einem sicheren Ort auf, damit Du sie wieder einsetzen kannst, wenn Du nach Hause fährst.

Finde Deinen Weg

Wie überall, wo ich hingehe, habe ich die **maps.me-App** verwendet und Ecuador für den Offline-Einsatz heruntergeladen. Diese Karte war jeden Tag ein sehr nützlicher Begleiter und brachte mich immer an den Ort, an den ich gehen wollte. Du kannst maps.me verwenden, um Sehenswürdigkeiten innerhalb der Stadt zu finden, um zu Deiner Unterkunft zu gelangen oder, um einem Wanderweg zu folgen. Touristen können Spots markieren und Kommentare schreiben und so kannst Du sogar geheime Orte entdecken, die andere Touristen empfehlen.

Ecuadorianische Speisen und Getränke, die Du probieren musst

Während die Küche Ecuadors jener der beiden Nachbarländern ähnelt, stieß ich auf ein paar Gerichte, von denen ich nicht genug bekommen konnte. Das Tolle ist, dass man die meisten Speisen an kleinen Straßenständen findet und daher zu einer wirklich günstigen Mahlzeit kommt. Die Lebensmittelqualität in Ecuador scheint gut zu sein, da ich nie Magenprobleme hatte, egal ob ich auf einem lokalen Markt, an einem Straßenstand oder in einem Restaurant aß.

- **Encebollado**

Dies könnte man als Nationalgericht von Ecuador bezeichnen, da ich es leider in keinem anderen südamerikanischen Land gefunden habe. Die Leute essen es morgens nach einer Partynacht oder zum Mittagessen. Es ist ein Fischeintopf mit viel Zwiebeln, Limetten, Koriander und Yuca. In der Regel wird es mit einer Tüte Chifle (frittierte Bananenstreifen) serviert. Anfangs war ich ein wenig skeptisch, wie man diese Brühe als Erstes am Morgen essen kann, aber bald hätte ich Encebollado den ganzen Tag essen können. Auch jetzt läuft mir beim Gedanken daran gerade das Wasser im Mund zusammen.

- **Ceviche**

Während Peru dafür bekannt ist, die beste Ceviche zu haben, muss ich sagen, dass ich die Ceviche entlang der Küste von Ecuador genauso mochte und meine Lieblings-Ceviche, sogar auf dem Fischmarkt in Puerto Lopez hatte, weil sie zudem noch Avocado enthielt. Ceviche besteht aus rohen oder kurz angedünsteten Fischstücken (in der Regel weißer Fisch, aber man kann sie auch mit Muscheln und anderen Arten von Meeresfrüchten haben), viel Limettensaft und Koriander. Sie wird auch mit einer Schüssel Chifle serviert, aber manchmal muss man für die Bananenchips extra bezahlen.

- **Pan de Yuca**

Dies wurde schnell zu meinem Lieblingssnack in Ecuador. Das erste Mal wurde uns Pan de Yuca auf dem Boot auf Galapagos serviert, nachdem wir vom Schnorcheln zurückkamen und seitdem war ich auf einer Schnitzeljagd nach weiterem Pan de Yuca. Es sind weiche, kleine Brötchen aus Yuca-Mehl, Butter und Eiern. Zudem ist der Teig in perfekter Balance mit geschmolzenem Käse gefüllt und wird am besten warm gegessen.

- **Llapingachos**

Llapingachos findet man als Snack, der von Straßenwagen oder als Beilage zusammen mit einem Tagesmenü serviert wird. Es ist ein gebratener Kartoffelpuffer, der mit Käse gefüllt ist.

- **Tigrillo**

Dies ist ein ecuadorianisches Gericht, das die Leute zum Frühstück essen. Es besteht aus gekochten und pürierten Kochbananen mit Käse und einem Spiegelei, was alles miteinander vermischt wird. Mit den richtigen Gewürzen ist das unglaublich lecker.

- **Günstige Mittagsmenüs**

Wie in den meisten Ländern in Südamerika wird auch in Ecuador ein günstiges Mittagsmenü angeboten. Sie werden „Almuerzo“ genannt und enthalten in der Regel Kartoffelsuppe als Vorspeise und Fleisch mit Reis und Patacones, Yuca oder Pommes als Hauptgericht.

Wie Du Deine Unterkunft auswählst

Da Reisende alle ihre individuellen Vorlieben haben, wie ihre Unterkunft sein muss, schließe ich kaum Empfehlungen für Hostels oder Hotels in meine Reiseführer mit ein. Die besten Angebote für Ecuador erhältst Du, indem Du die Unterkünfte auf **booking.com** buchst und Genius Niveau erreichst. Dort hast Du auch die neuesten Bewertungen für die Hostels und kannst verschiedene Meinungen über eine Unterkunft einholen, bevor Du ankommst. Wenn Du ein einheimischeres Erlebnis möchtest, solltest Du auf **www.airbnb.de** nach Schätzen suchen.

Normalerweise buche ich nur eine Nacht und wenn mir die Unterkunft gefällt, verlängere ich meinen Aufenthalt. Natürlich funktioniert dies nicht während den lokalen Feiertagen und anderen besonderen Anlässen, aber meistens war es kein Problem.

Wie Du günstige Flüge nach Ecuador findest (und in jedes andere Land)

Wenn Du denkst, dass Flüge von Europa nach Südamerika teuer sind, musst Du Dir einmal die Flugpreise von einem Land in Südamerika in ein anderes anschauen. Es kostet genau so viel, wenn nicht mehr! Doch wenn Du weißt, wie man suchen muss, kannst Du preiswerte Angebote finden, um nach Quito zu fliegen. Versuche, mit den folgenden Tipps zu buchen, um ein günstiges Flugticket zu ergattern.

1 Benutze mehrere Flugsuchmaschinen

Ich beginne normalerweise mit **Sky Scanner** (www.skyscanner.net) und vergleiche danach die Deals auf **CheapTickets** und/oder **Opodo**. Diese Seiten offerieren meistens die günstigsten Preise. Bei Sky Scanner kannst Du zum Beispiel eine Preismeldung einstellen, die Dich per E-Mail informiert, falls es günstigere Flüge gibt. Dies könntest Du ein halbes Jahr vor Deiner Reise einstellen.
Eine andere Möglichkeit besteht darin, den Flug direkt in Google einzugeben, um eine ungefähre Schätzung zu erhalten, wie hoch der Flugpreis sein wird. Am Ende schaue ich immer auf den Webseiten meiner Lieblingsfluglinien nach Spezialangeboten. Für Südamerika sind das Swiss und Latam.

2 Sei frühzeitig und kaufe Deinen Flug mindestens 3 Monate im Voraus

Wenn Du die Daten Deines Urlaubs kennst, gibt es keinen Grund, mit der Buchung Deiner Flüge zu warten. Sie werden nur teurer. Ansonsten kannst Du auf **Urlaubsguru.de** nach preiswerten Last-Minute-Angeboten suchen (obwohl Last-Minute-Flugtickets in der Regel teurer sind, als wenn Du früh buchst).

3 Sei ein wenig flexibel

Überprüfe auch die Daten drei Tage vor und nach den Daten, die Du für den Flug ausgewählt hast. Es könnte einen preislichen Unterschied von bis zu 300 EUR ausmachen! Wenn Du auf Cheaptickets oder Sky Scanner suchst, ist es sehr einfach, sich einen Überblick über die Flugpreise an verschiedenen Terminen zu verschaffen.

4 Reise von anderen Flughäfen und buche Gabelflüge

Vor allem, wenn Du von Europa aus reist, ist es sinnvoll, die Flughäfen in den umliegenden Ländern zu überprüfen und dann einen Anschlussflug aus Deinem Land zu kaufen, um dorthin zu gelangen. Günstigere Flughäfen sind Barcelona, London, Frankfurt am Main, Düsseldorf, Paris, Mailand, Amsterdam und Brüssel. Wenn Du also genug Zeit hast, lohnt es sich manchmal, mit mehreren Zwischenstopps zu reisen. Wenn Du beispielsweise über die USA fliegst, gibt es oft wahnsinnig günstige Flüge über Miami und LAX. Rechne einfach genug Zeit ein für den Zwischenstopp, für den Fall, dass Dein erstes Flugzeug verspätet ist. Wenn Du eingechecktes Gepäck hast, musst Du nämlich durch den Zoll gehen, Dein Gepäck abholen und für den nächsten Flug neu einchecken.

5 Lösche Deinen Browserverlauf

Die Webseiten, auf welchen Du Deine Flugtickets nach Kolumbien gesucht hast, werden Dich bei Deinem zweiten Besuch wiedererkennen und die Preise ein wenig erhöhen, da Du immer noch interessiert bist. Wenn Du also eine Erhöhung des Preises bemerkst, solltest Du als Erstes die Webseite schließen, den Browserverlauf löschen und dann erneut suchen, sobald Du bereit bist für die Buchung.

6 Melde Dich für den Newsletter Deiner Lieblings-fluggesellschaften an

Newsletter bieten immer noch einen Mehrwert und oft findest Du darin Spezialangebote für Flugtickets. Im Moment erhalte ich regelmäßig Sonderangebote von TUI und Iberia. Übrigens bietet **SwissMissOnTour.com** auch einen Newsletter. Melde dich an, um meine neuesten Blog-Einträge und eine kostenlose, hilfreiche Packliste zu erhalten.

7 Günstig fliegen in Ecuador

Da die Entfernungen innerhalb Ecuadors nicht so groß sind, war es für mich nicht sinnvoll, innerhalb des Landes zu fliegen. Beachte jedoch, dass alle Flüge von und zu den Galapagos in Guayaquil zwischenlanden. Selbst wenn Du ab oder nach Quito fliegst, wirst Du dort Halt machen (was auf meinem Ticket nicht angegeben war).
Darüber hinaus sind Flüge nach Lago Agrio (um in den Amazonas zu gelangen) oft sehr verspätet und Du könntest einen Teil Deiner Regenwaldtour verpassen, wenn Du mit dem Flugzeug anreist.

Zweiwöchige Reiseroute, um das Beste der Kultur und Natur zu sehen

Wir werden uns auf das ecuadorianische Festland konzentrieren, da dies so viel zu bieten hat, um locker zwei bis drei Wochen zu füllen. Wenn Du auch noch die Galapagos besuchen möchtest, solltest Du zusätzliche 7 bis 10 Tage für diese Inseln planen.

Tag 1: Ankunft in Quito

Nach einer spektakulären Landung auf dem modernen Flughafen von Quito, der von hohen, schneebedeckten Bergen und Vulkanen umgeben ist, solltest Du es langsam angehen und Dich an die Höhe gewöhnen. Schlendere durch das historische Zentrum und schau Dir einige Kirchen und andere interessante Gebäude an.

Tag 2: Quito und Reise nach Mindo

Mache einen Halbtagesausflug zum Äquator (Mitad del Mundo) oder spaziere durch das historische Zentrum und erklimmen den Turm der Basilika. Gegen 16 Uhr nimmst Du einen Bus von der La Ofelia Busstation, um zwei Stunden später im grünen Nebelwald von Mindo anzukommen. Nutze den Abend, um eine köstliche Mahlzeit im Städtchen zu genießen und in Deiner Unterkunft Kolibris zu beobachten.

Tag 3: Mindo und Transfer zurück nach Quito

Stehe früh auf, um an einer Vogelbeobachtungstour teilzunehmen oder gehe auf eigene Faust in Richtung Tarabita-Seilbahn, während Du nach Tukanen und anderen bunten Vögeln Ausschau hältst. Wandere zu so vielen Wasserfällen, wie Du Lust hast, bevor Du in die Stadt zurückkehrst. Falls Du noch Zeit hast, besuchst Du eine der Schokoladenfabriken und nimmst an einer Schokoladenverkostung teil. Um 17 Uhr nimmst Du den Bus zurück nach Quito.

Tag 4: Quito

Inzwischen solltest Du Dich an die Höhe gewöhnt haben und eine Treppe sollte Dich nicht mehr außer Atem bringen. Es ist Zeit, die 4000 m Linie zu überschreiten. Nimm die Teleferico-Seilbahn nach Cruz Loma. Gehe zu den Aussichtspunkten, von wo aus Du einen atemberaubenden Blick über Quito hast (einer der besten Stadtaussichten Südamerikas!), einen Ausritt machen kannst oder sogar die

5-stündige Rundwanderung in Richtung Pichincha Vulkan unternehmen könntest.
Zurück in der Stadt könntest Du für einen Drink oder das Abendessen in die Mariscal Gegend gehen oder die restlichen Sehenswürdigkeiten besuchen, die Du in der Innenstadt noch nicht gesehen hast.

Tag 5: Latacunga und Quilotoa

Nimm am frühen Morgen einen Bus nach Latacunga. Bringe Dein Gepäck zu Deiner Unterkunft und kehre danach zum Busbahnhof zurück, wo Du um die Mittagszeit herum mit dem Bus zur Quilotoa Lagune fährst. Genieße den Blick über die smaragdgrüne Lagune oder wandere hinunter zum Wasser. Buche eine Tour, um am nächsten Tag den Cotopaxi Gletscher zu besuchen (falls Du gerne wanderst und Dich körperlich fit fühlst).

Tag 6: Cotopaxi

Heute benötigst Du viel Energie, da Du bis auf eine Höhe von über 5000 Metern wanderst. Die Aussicht auf den braunen Vulkan mit dem weißen Gipfel ist spektakulär und

Du wirst eine große Zufriedenheit empfinden, nachdem Du diese anspruchsvolle Wanderung geschafft hast (die starken Winde machen es nicht einfacher). Für diese Wanderung ist es zwingend notwendig, Wanderschuhe, die über den Knöchel gehen, zu tragen. Du kannst diese auch in Latacunga mieten.

Tag 7: Baños

Auch hier solltest Du den Tag früh beginnen, um mit dem Bus nach Baños zu gelangen. Bringe Deine Taschen nach der Ankunft in Dein Hostel und tauche dann für den Rest des Tages in Deine bevorzugte Aktivität ein. Dies könnte eine Wanderung zur Baumhausschaukel oder eine Nachmittags-Chiva-Tour zu den Wasserfällen sein. Natürlich solltest Du auch in einer der heißen Quellen entspannen.

Tag 8: Baños und Bus nach Cuenca

Die Busfahrt nach Cuenca dauert ca. 7 Stunden und je nach Präferenz kannst Du noch den ganzen Tag in Baños verbringen und dann einen Nachtbus nach Cuenca nehmen, wo Du vor 6 Uhr in der Früh ankommen wirst. Wenn Du keine Nachtbusse magst, verlässt Du Baños vor der Mittagszeit. Die meisten Hostels in Cuenca erlauben den Check-in nur bis 21.00 Uhr. Buche unbedingt einen Bus, der direkt nach Cuenca fährt, ohne vorher nach Quito zu fahren.

Tag 9: Cuenca

Stehe heute früh auf (oder bringe Dein Gepäck einfach nach dem Nachtbus in Deine Unterkunft) und fahre dann für einen Halbtagesausflug zum Cajas National Park. Bestaune das atemberaubende Sumpfgebiet mit den schwarzen Seen und grünen Berggipfeln. Am Abend kannst Du in einem der luxuriösen, aber erschwinglichen Spas entspannen.

Tag 10: Cuenca und Fahrt nach Montañita

Am Morgen schlenderst Du durch das Stadtzentrum von Cuenca. Stöbere durch die Kunsthandwerksmärkte und besuche einige der kostenlosen Museen. Genieße ein köstliches Mittagessen und einen Fruchtsaft auf einem der Märkte. Gegen 14 Uhr solltest Du einen Bus über Guayaquil nach Montañita nehmen.

Falls Du Galapagos besuchen möchtest, wäre dies ein guter Moment, um die Reise zu beginnen, da alle Flüge nach Galapagos in Guayaquil zwischenlanden.

Wenn Du nicht nach Galapagos fliegst, wirst Du am Abend in Montañita ankommen. Falls es eine Nacht zwischen Mittwoch und Samstag ist, kannst Du Dich bereits in das Partyleben stürzen.

Tag 11: Montañita

Entspanne am Strand oder versuche Dich im Surfen. Iss eine Ceviche oder Encebollado am Strand.

Tag 12: Montañita

Verbringe einen weiteren Tag am Strand oder ent-spanne in einer Hängematte.

Tag 13: Puerto Lopez

Falls Du zwischen Juni und Oktober hier bist, buchst Du für heute eine Walbeobachtungstour in Puerto Lopez. Der Transport von Montañita ist im Preis inbegriffen. Bringe Dein gesamtes Gepäck mit und lasse es während dem Bootsausflug im Reisebüro in Puerto Lopez, da Du später am Tag nach Quito weiterreisen wirst.
Die Busfahrt nach Quito dauert etwa 9 Stunden. Du kannst entweder nach der Mittagszeit abreisen und spät am Abend in Quito ankommen, wo Du ein Uber zu Deinem Hostel nimmst oder abends einen Nachtbus von Puerto Lopez nehmen und den Tag noch am Strand verbringen. Das hängt davon ab, ob Du Nachtbusse magst und um welche Zeit Du am nächsten Tag Deinen Rückflug hast. Gehe kein Risiko ein, den Flug zu verpassen.

Tag 14: Quito und Rückflug

Leider ist Dein Abenteuer in Ecuador bereits vorbei und Dein Herz und Deine Kamera werden mit vielen glücklichen Erinnerungen an dieses vielfältige Land gefüllt sein. Vielleicht hast Du Zeit, in Quito eine weitere Kirche oder ein Museum zu besuchen und noch ein letztes günstiges Mittagessen auf dem zentralen Markt zu essen, bevor Du in Dein Flugzeug nach Hause steigst oder in das nächste Land in Südamerika fliegst.

Dies ist eine mögliche Idee für eine zweiwöchige Reise. Nun schauen wir uns die einzelnen Orte etwas detaillierter an.

Quito

Quito nennt sich selbst das Zentrum der Welt und mit seiner Lage am Äquator könnte dies zutreffend sein. Es ist eine große Stadt mit einem schönen historischen Zentrum. Quito liegt auf 2300 m und ist von mehreren höheren Bergen und Vulkanen umgeben, was zu einer herrlichen Aussicht führt. Wenn Du in Quito landest oder von hier weg fliegst, solltest Du Dir einen Fensterplatz ergattern, es lohnt sich!

Da Quito ziemlich hoch liegt, könnte es sein, dass Du nach der Ankunft sehr leicht außer Atem gerätst. Vor allem, wenn Du von Meereshöhe kamst. Gehe es daher die ersten zwei Tage langsam an und besuche nicht sofort einen Vulkan oder das Teleferico. Trinke viel Wasser und Du wirst Dich innerhalb von 36 Stunden an die Höhe gewöhnen.

Wie man vom Flughafen ins Stadtzentrum kommt

Offizielle Taxis ins historische Zentrum kosten 26 US-Dollar. Uber ist auch verfügbar und kostet ungefähr das Gleiche. Der günstigste Weg ist, für 2 Dollar einen öffentlichen Bus zu nehmen. Von der Endstation im Zentrum kannst Du dann ein Taxi zu Deiner Unterkunft (2 oder 3 Dollar, je nachdem, wo Du hinfährst) oder einen weiteren Bus für 0,25 Dollar nehmen. Die Busfahrt dauert ca. 50 Minuten und das Taxi vom Flughafen zum Hotel 30 bis 40 Minuten.

Als ich am Flughafen auf den Bus wartete, kamen viele Taxifahrer auf mich zu und am Ende teilte ich das Taxi mit einem Einheimischen. Er zahlte 5 Dollar und ich zahlte 10 Dollar und sie brachten mich direkt zu meiner Herberge. Wenn Du also etwas Spanisch sprichst und etwas Geduld für das Feilschen hast, solltest Du das Taxi auf 15–10 Dollar herunterhandeln können, anstatt die $26 vom Anfang.

Vom Busbahnhof in Stadtzentrum

Quito hat zudem zwei große Bushaltestellen. Quitumbe für südliche Abfahrten und Carcelen für nördliche Abfahrten. Beide sind mit dem öffentlichen Bus erreichbar. Du kannst die beste Route auf Google Maps nachschauen. In der Regel dauert es mindestens 30 Minuten oder bis zu einer Stunde, um aus den touristischen Gebieten mit öffentlichen Verkehrsmitteln einen Busbahnhof zu erreichen.

Was man in Quito unternehmen sollte

In den verschiedenen Vierteln von Quito und um Quito herum gibt es viel zu unternehmen. Du kannst leicht 4 oder 5 Nächte in Quito verbringen.

Spaziergang durch das historische Zentrum

Quito scheint an jeder Straßenecke eine schöne Kirche oder ein buntes Gebäude im Kolonialstil zu haben. Ein Muss ist die Kirche von *La Compañía de Jesús* mit ihrem goldenen Interieur.

Erklimme die Türme der Basilika

Von weit wirst Du die majestätische Basilika sehen, deren Türme die anderen Gebäude rundherum überragen. Erklimme den Hügel bis zur Basilika und zahle dann 2 Dollar, um die Türme zu erklimmen und die Aussicht zu genießen. Das ist sowohl ein Nervenkitzel als auch schön wegen der Architektur.

Stehe gleichzeitig auf der nördlichen und südlichen Hemisphäre

Nimm für 10 Dollar an einer Tagestour teil, die Dich zu einem Aussichtspunkt für den Vulkan Pichincha und danach zu den Sehenswürdigkeiten von *Mitad del Mundo* bringt. Es gibt viele kleine Museen und unterhaltsame Aktivitäten rund um die Schwerkraft im Outdoormuseum von *Mitad del Mundo.* Die Hauptattraktion ist natürlich die „Äquatorlinie".

Wenn Du *Mitad del Mundo* auf eigene Faust besuchen möchtest, könntest Du für ca. $8 ein Taxi aus dem Zentrum von Quito nehmen oder Du fährst mit einem öffentlichen Bus zum Busbahnhof *La Ofelia* und nimmst danach die Verbindung nach *Mitad del Mundo* für insgesamt 40 Cent. Der Eintritt zum Monument und zu den Museen kostet 5 USD.

Verwöhne Dich mit Schokolade

Ecuador ist ein großer Kakaoproduzent und in Quito kannst Du lokale Schokoladenprodukte in den *Pacari*-Läden oder in *Republica de Chocolate* (beide befinden sich in der Nähe des Plaza Grande) probieren. Natürlich kann man auch in sonstigen Cafés köstliche heiße oder kalte Schokolade trinken. Frage jedoch, ob es sich um lokale Schokolade handelt und es kein Pulver ist („no es polvo"). Du willst ja schließlich keine Fertigschokolade aus dem Supermarkt trinken.

Fahre mit der Teleferico-Seilbahn und genieße die Aussicht

Es war noch nie einfacher, auf 4000 m zu kommen und eine atemberaubende Aussicht zu haben.

Nimm für $3 ein Taxi aus dem historischen Zentrum, um zur Talstation der Seilbahn zu gelangen. Es gibt keine Bushaltestelle in der Nähe der Seilbahnstation und da es ein steiler Hügel ist, lohnt es sich, das Taxi zu nehmen.

Am Fuße des Berges hat es einen kleinen Vergnügungspark mit Fahrgeschäften für Kinder.

Die Berg- und Talfahrt mit dem *Teleferico* kostet $8.50 und ein Weg dauert 9 Minuten. Die Aussicht aus der Gondel ist bereits spektakulär, wenn man zu erkennen beginnt, wie groß Quito wirklich ist.

Oben angekommen könnte man eine 4-5-stündige Rundwanderung zum Vulkan Pichincha machen. Bringe eine windsichere Jacke und einen Wärmeschutz für Dein Ohren. Die Durchschnittstemperatur hier oben beträgt 6 Grad. Wenn es nicht bewölkt ist, ist die Sonne jedoch immer noch sehr stark und man sollte sich eincremen und einen Kopfschutz tragen.

Auch wenn Du die Rundwanderung nicht machst, solltest Du wenigstens für 10 Minuten rechts den Hügel hoch gehen, um eine Plattform mit einer Schaukel zu erreichen. Schieße tolle Instagram-Bilder von der Schaukel aus und bestaune die unglaubliche Aussicht. Von dort wanderst Du weitere 5 Minuten, um zur nächsten Plattform zu gelangen.

Im Hintergrund wirst Du nun eine Ebene mit Pferden sehen.
Entweder machst Du einen 45-minütigen Ausritt für 10 Dollar oder atmest einmal tief durch und wanderst den sehr steilen Hügel direkt vor Dir hinauf. Das ist das weiteste, wohin Du für die beste Aussicht gehen musst, falls Du nicht den kompletten Rundweg gehen willst.

Wir haben den Ausritt gemacht und die Zeit auf dem Rücken des Pferdes absolut geliebt! Ruhe, eine tolle Aussicht und wir erhielten sogar einen Poncho, um uns wie Einheimische zu fühlen.

Besuche ein Museum

Quito hat mehr als 50 Museen und viele von ihnen sind kostenlos. Meine zwei Lieblingsmuseen waren:

- Centro Cultural Metropolitano (CCMQ)

Dieses Museum lockt mit interessanten Ausstellungen, die sich regelmäßig ändern. Da es sich direkt vor dem Präsidentenpalast befindet und kostenlos besucht werden kann, lohnt es sich wirklich, einen Durchgang zu machen.

Adresse: Garcia Moreno 887 und Espejo. Montags geschlossen.

- Centro de Arte Contemporaneo (CAC)

Dieses Museum ist kostenlos und allein die Architektur des Gebäudes ist sehenswert. Die Ausstellungen wechseln sich

häufig ab und da es sich um moderne Kunst handelt, findet man manchmal wahre Schätze und zwischendurch versteht man nicht, was genau man eigentlich vor sich hat.
Neben den Kunstausstellungen gibt es im CAC auch viele Musik- und Theaterveranstaltungen.

Adresse: Montevideo und Luis Davila. Montags geschlossen.

Tanze Salsa oder Bachata

Ich tanze in der Schweiz Salsa. Daher sind Quito und generell Ecuador ein Paradies für mich. Den ganzen Tag hört man Salsa-Musik aus Restaurants und Cafés und auch in den Bussen.

Viele Hostels bieten kostenlose Salsa-Lektionen, aber es wäre auch ein guter Ort, um Privatunterricht zu nehmen.
Gehe am Abend aus. Auch wenn Du nicht selbst tanzt, ist es toll, den Profi-Tänzern zuzuschauen. **Salsoteca Lavoe** (https://www.salsotecalavoe.com/) hat beispielsweise jeden Abend außer montags Salsa Partys. Bei meinem ersten Besuch betrat ich den Club an einem Dienstag um 21 Uhr und es war sehr einfach, jemanden zum Tanzen zu finden und dann zu anderen Tänzen gebeten zu werden.

Freitags gibt es Live-Musik und das Großartige ist, dass es etwa 20 Leute hat, die ein *Lavoe*-Fußballtrikot tragen. Sie sind vor allem da, um mit Gästen zu tanzen, die ohne Partner da sind. So kommen alle zum Zuge.

Lavoe kann man leicht mit dem Bus (Haltestelle *Estadio*) erreichen. Es hat direkte Busse aus dem historischen Zentrum (Troley Q, siehe auf Google Maps).

Unterkünfte in Quito

Es gibt Budget-Herbergen ab $5, die in Ordnung sind (zum Beispiel **Hump Day**). Allerdings liebte ich meinen Aufenthalt im **Masaya Hostel**. Das war eine der angenehmsten Herbergen, in denen ich übernachtet habe, mit geräumigen, bequemen Schlafsälen, die Privatsphäre boten. Darüber hinaus bot Masaya jeden Tag kostenlose Aktivitäten wie Yoga- und Tanzkurse oder Schokoladenverkostungen.

Beide Herbergen befinden sich jedoch im historischen Zentrum. Tagsüber gibt es viel zu sehen und zu tun, aber nach Sonnenuntergang ist das Gebiet menschenleer. Daher könnte es Dir mehr Spaß bereiten, in der Mariscal Gegend zu übernachten. Dort hauste ich im **Selina**, das gut lag, aber leider nicht sauber war.

Eine Sache, die Du in der Mariscal Nachbarschaft tun musst, falls Du mexikanisches Essen magst, ist, im mexikanischen Restaurant *Lucha Libre* zu essen. Es gibt günstige Mittagsmenüs und das Essen ist sehr lecker.

Tagesausflüge ab Quito

Wenn Du wenig Zeit hast, kannst Du die folgenden Ausflüge auch als Tagesausflüge von Quito aus unternehmen. Für Otavalo ist dies kein Problem, für Quilotoa und Cotopaxi empfehle ich jedoch, eine Nacht in Latacunga zu verbringen, um sich an die Höhe zu gewöhnen.

Besuche den Otavalo Markt

Samstags und mittwochs findet in Otavalo der größte Kunsthandwerksmarkt des Landes statt. Finde bunte Souvenirs wie Taschen, Ponchos und Gemälde.
Ich mochte den Markt, aber er war die zweistündige Busreise nicht wert, vor allem, wenn Du andere Märkte in Peru oder Bolivien gesehen hast oder sehen wirst.

Anfahrt nach Otavalo

Aus dem historischen Zentrum in Quito kannst Du mit dem Taxi ($8, 30 Minuten) oder dem Bus (über den Busbahnhof Ofelia für 0,25 USD, 50 Minuten) zum Busbahnhof Carcelen fahren. Von dort fahren alle 10 Minuten Busse nach Otavalo. Die Fahrt dauert 2 Stunden und führt vorbei an beeindruckenden Tälern und grünen Hügeln. Es ist eine malerische Fahrt mit einem komfortablen Bus und natürlich erklingt während der Reise Salsa Musik.

Aufstieg zum Cotopaxi Gletscher

Für 50 USD kannst Du einen organisierten Tagesausflug zum Gletscher des malerischen Vulkans Cotopaxi buchen. Einige Touren beinhalten sogar eine abenteuerliche Abfahrt mit dem Mountainbike. Dies ist eine gute Tour-Option, wenn Du wenig Zeit hast. Dasselbe gilt für den nächsten Punkt. Touren können leicht in den Hostels in Quito gebucht werden.
Falls Du mehr Zeit hast, kannst Du im Kapitel über **Latacunga** über die Sehenswürdigkeiten in dieser Gegend lesen.

Bewundere die Quilotoa Lagune

Ein weiterer Tagesausflug in die Cotopaxi-Region führt zur atemberaubend grünen Quilotoa Lagune. Diesen Tagesausflug kannst Du mit öffentlichen Verkehrsmitteln machen, wenn Du früh aufstehst und den Bus nach Latacunga ($2.50/2 Stunden) nimmst und dann zur Lagune weiterfährst (wiederum $2,50/zwei Stunden). Allerdings ist es entspannter, wenn Du eine oder zwei Nächte in Latacunga verbringen kannst.

Mindo

Diese kleine Stadt zwei Stunden von Quito entfernt begrüßt Dich mit einer entspannten Atmosphäre, Wasserfällen und vielen schönen Hostels mit Grünflächen, um Vögel wie Kolibris und Tukane zu beobachten. Wenn Dir das zu langweilig ist, buchst Du einen Nachtspaziergang und entdeckst Schlangen, Frösche und Spinnen.

Anfahrt nach Mindo

Begib dich zum Busbahnhof *La Ofelia* in Quito. Die Busse nach Mindo fahren vom Terminal daneben ab. Frage einfach einen Mitarbeiter oder einen Polizisten, falls Du Dir nicht sicher bist, auf welchen Parkplatz Du gehen musst.

Abfahrtszeiten sind 8 Uhr, 9 Uhr, 11 Uhr, 13 Uhr und 16 Uhr.
Ein Weg kostet $3.10 und die Fahrt dauert zwei Stunden.

Was man in Mindo unternehmen sollte

Mindo ist ein Paradies für Vogelbeobachter, Schokoladen- und Fleischliebhaber.

Degustiere lokale Schokolade

Es gibt drei Orte, wo Du im kleinen Mindo eine Schokoladentour machen kannst. Ich habe zuvor auch Schokoladenfabriken in der Schweiz besucht und muss sagen, dass die Touren da besser sind und die Schokolade süßer. In Mindo findet man nur dunkle Schokolade mit praktisch keinem Zucker. Also, Schokolade, die eigentlich gut für die Gesundheit ist. Allerdings beginnen kleine Schokotafeln bei 5 Dollar, was ich ziemlich teuer finde.

Ich frühstückte bei *Mindo Chocolate*. Die Pfannkuchen waren gut, mit viel Obst, allerdings schmeckte die heiße Schokolade wie Ovomaltine (ein Geschmack, den ich hasse) und daher habe ich keine andere ihrer Produkte ausprobiert, obwohl ihre Schokoladentour die billigste war bei $6.

Dann ist da *Yumbo Chocolate*. Du kannst ihre Schokolade gratis im Shop probieren. Die Tour für 8 Dollar braucht man also nicht wirklich). Ich hatte zudem einen Brownie für $2.50, der göttlich war!! Der beste Brownie aller Zeiten.

Dann machte ich die Tour bei *Queztal Chocolate* für $10. Im Vergleich zu den anderen Schokoladenunternehmen haben sie tatsächliche eine kleine Produktions-fabrik neben dem Restaurant. Wir durften die Kakaofrüchte, die Bohnen und kleinen Schokonibs probieren und besuchten jeden Schritt des Produkt-ionsprozesses von der Pflanze über die Gärung bis hin zur Verpackung. Falls Du in die Schweiz kommst, gibt es tolle Displays, um eine ähnliche Erfahrung zu machen. Das einzige, was Du bei einer Schweizer Schokoladenfabrikbesichtigung nicht haben kannst, ist ein Besuch der Kakaobäume im Garten. Wenn Du jedoch noch in keiner Schokoladenfabrik warst, wird diese Tour in Mindo interessant sein für Dich.
Am Ende durften wir alle Schokoladenprodukte von *Queztal* degustieren (was man auch kostenlos im Shop tun kann), erhielten einen Schokoladentee und ein Stück Brownie (was auch köstlich war!)

Es lohnt sich in dem Sinne alleine schon für die Brownies eine Reise nach Mindo :-).

Begib Dich auf eine Vogelbeobachtungstour

Falls Du ein Vogelliebhaber bist, solltest Du an einer geführten Morgenwanderung teilnehmen, die zwischen 50 und 75 US-Dollar kostet. Wenn Du Vögel magst, aber nicht so viel bezahlen willst, gibt es immer noch eine Menge zu sehen, indem Du einfach durch den Wald zur Tarabita spazierst. Außerdem füttern die meisten Unterkünfte die Kolibris. Man sieht diese bunten Vögel also überall und es gibt so viele Arten! Ich habe es wirklich genossen, sie und die anderen Vögel zu beobachten, obwohl ich mich normalerweise nicht so für Vögel interessiere.

Mache einen Nachtspaziergang

Nachtwanderungen beginnen um 19 Uhr und kosten $15 für ca. 1,5 Stunden. Ich habe keine gemacht, da ich Angst vor Spinnen habe und auf einer Nachtwanderung wirst Du diese in der Größe Deiner Handfläche zu sehen bekommen. Zudem wirst Du Schlangen und niedlichen Baumfröschen begegnen. Die Leute, die sich den Spaziergängen angeschlossen haben, kehrten jedoch alle begeistert zurück.

Wandere zu sechs Wasserfällen

Von der Stadt aus musst Du als Erstes zur Tarabita Seilbahn gelangen. Es ist ein 1.5-stündiger Bergweg oder eine 15-minütige Taxifahrt für $6. Der Spazierweg führt entlang der Autostraße, aber man hat trotzdem eine schöne Aussicht auf die umliegenden Berge. Wenn Du zwischen 6.30 und 8.00 Uhr morgens losgehst, hast Du zudem eine gute Chance, Tukane zu entdecken. Ich hatte das Glück, um 8.45 Uhr zwei von ihnen zu sehen. Zuerst hörte ich sie, da sie die lautesten Schreie haben. Des Weiteren sah ich einige Kolibris, Eichhörnchen und natürlich Schmetterlinge.

Über die Tarabita

Die Tarabita ist ein gelber Korb aus Metall, der Dich über das Tal bringt. Du kannst wählen, beide Wege zu fahren oder einen oder beide zu Fuß zu gehen (25 Minuten bis Du bei Cascada Nambillo ankommst). So oder so kostet der Eintritt zum Tal oder Berg $5, welche Du am Eingang der Tarabita bezahlen musst.

Die Wasserfälle

Da ich bereits viele Wasserfälle gesehen habe, waren diese nicht so speziell für mich. Cascada Ondinas und Cascada Guarumos gefielen mir am besten. Am letzteren nahm ich ein erfrischendes Bad. Die beiden Wasserfälle erreicht man in 30 und 35 Gehminuten von der anderen Seite der Tarabita.

Auf dem Rückweg ging ich an den Taxis auf dem Parkplatz vorbei, in der Hoffnung, dass ich unterwegs ein Günstigeres finden würde. Es kam jedoch noch besser und der Mann, der mit mir in der Tarabita fuhr, hielt unterwegs an und nahm mich mit. Es stellte sich heraus, dass er der Besitzer der Tarabita war, die sein Vater vor 17 Jahren gebaut hatte. Sie hatten damals den ganzen Berg (mit samt der Wasserfälle) gekauft. Falls Du also gerne einen Berg besitzen würdest, kannst Du in Ecuador danach auf die Suche gehen :D

Wo Du in Mindo essen solltest

Nebst der Schokolade und den Brownies hatte Mindo weitere kulinarische Highlights.

Esse Steak (lomo) vom heißen Stein im *El Chef*. Sie werden es perfekt braten (oder kurz in die Pfanne fallen lassen) und zu meiner Freude war es in einer Knoblauchsauce mariniert. Extrem lecker! Es ist eine große Portion Fleisch, welche mit nicht so knusprigen Pommes Frites und einem guten Gemüsesalat kommt. All dies für $9.80. Da kann man kaum nein sagen. Es gibt auch Almuerzos ohne Steak für $3.50.

Dann hatte ich das beste gebratene Huhn mit Pommes mit Knoblauchsauce (oder Ketchup und Mayo) für $1.50 bei *Asadero „los parceros" y salchipapas*. Sie befinden sich an der unteren rechten Ecke des Mindo Parks, ein wenig in die Straße hinein auf der rechten Seite. Da das Essen in Mindo etwas teurer ist als in anderen Städten Ecuadors, war dies eine willkommene Überraschung.

Unterkünfte in Mindo

Ich übernachtete im **Cinnamon House**, das sauber war und bequeme Schlafsäle mit Vorhängen hatte. Ich liebte den Außenbereich mit den vielen Hängestühlen und dem Ort, um Kolibris zu beobachten.

Baños (de Agua Santa)

Wenn Du nach Baños fährst, solltest Du dies bei Tageslicht tun, da die Landschaft während der Busfahrt atemberaubend ist. Mit seinen grünen Bergen, einem Fluss, der durch das Tal schneidet und den vielen Wasserfällen, die über Klippen springen, ist Baños ein guter Ort, um ein paar tiefe Atemzüge und einen lokalen Kaffee oder eine heiße Schokolade zu genießen.

Anfahrt nach Baños

Es gibt fast stündliche Busse von Quito (Quitumbe, 3 Stunden, $4), Latacunga (1,5 Stunden $2.50) und Cuenca (7 Stunden, $11).

Von Montañita aus besteht die Möglichkeit, einen Nachtbus via Santa Elena zu nehmen, weil die Fahrtzeit kürzer ist. Da die Landschaft jedoch wunderschön ist, nahm ich die Route entlang der Küste über Guayaquil. Montañita nach Guayaquil dauert 3 Stunden und Busse fahren stündlich ab.
Von Guayaquil nach Baños dauert die Fahrt 6 bis 7 Stunden und es ist eine sehr kurvige Straße (aber hübsch). Von Guayaquil fahren drei Busse (7 Uhr / 10.45 Uhr / 12.40 Uhr) plus einige Nachtbusse zwischen 21 und 23 Uhr.

Was Du in Baños unternehmen solltest

Zur Auswahl stehen viele Abenteueraktivitäten, wenn Du bereit bist, etwas Geld in die Hand zu nehmen. Um Dich zu entspannen, kannst Du nach den Aktivitäten eine heiße Quelle besuchen.

Bestaune die Wasserfälle

Auch wenn Du kein großer Fan von Wasserfällen bist, wird Dich Pailón del Diablo (Kosten: $2) beeindrucken. Der Besucherpfad ist abenteuerlich, da er über Hängebrücken und hinter, auf, unter und entlang des Wasserfalls führt. Du kannst die Kraft von Pailón del Diablo von allen Seiten bestaunen.

Die weiteren Wasserfälle entlang der *ruta de las cascadas* sind okay, aber nichts Besonderes. Dennoch lohnt sich die Reise, da das Tal einfach atemberaubend ist.

Es gibt zwei Möglichkeiten, die Wasserfälle zu besuchen. Mit dem Touristenbus oder mit dem Mountainbike.

1) Besuche Pailón del Diablo auf einer Chiva Tour

Chivas sind offene Touristen-LKWs, die laute Reggaeton Musik spielen. Wenn Du diese Methode wählst, wirst Du möglicherweise der einzige ausländische Tourist unter vielen Ecuadorianern sein. Ich hatte jedenfalls eine tolle Zeit im Partybus! Chiva Touren können täglich für $3 bis $4 in jedem Reisebüro in der Stadt gebucht werden (der Eintritt zum Wasserfall und die anderen optionalen Aktivitäten bezahlt man separat vor Ort). Die Jeeps fahren alle drei Stunden ab (10.30/13.30/16.30 Uhr).
Der Nachteil der Chivas ist, dass man an den touristischen Stopps auf die anderen Gruppenmitglieder warten muss, falls diese mit den Ziplines oder Tarabitas fahren wollen und man nicht wirklich anhält, um die anderen Wasserfälle unterwegs zu betrachten. Aber man sieht sie gut, wenn man im Jeep auf der rechten Seite sitzt. Des Weiteren gibt es zwei Eingänge zum Pailón del Diablo und man besucht nur den ersten (von oben). Es ist beeindruckend und eine gute Möglichkeit, den Wasserfall zu sehen, aber falls Du trotzdem gerne den unteren Weg machen würdest, könntest Du immer noch am nächsten Tag mit dem Fahrrad zurückfahren. Wenn Du einen lustigen und komfortablen Ausflug auf eine lokale Art möchtest, nimmst Du ein Chiva.

2) Fahrradfahrt in Richtung Puyo

In den Tour-Büros in der Stadt kann man für $6 ein Fahrrad mieten. Überprüfe zuerst, ob die Qualität und Höhe Deinen Wünschen entspricht. Bringe eine Regenjacke, da es in

Baños plötzlich und sintflutartig zu regnen beginnen kann. Dadurch wird die Straße rutschig und es wird schwieriger, den breiten Autos und Lastwagen, die den gleichen Weg befahren, auszuweichen. Das sind die Nachteile einer Radtour. Die Vorteile sind, dass es bergab geht oder flach ist und dass man anhalten kann, wo immer man will. Es gibt viele atemberaubende Orte und Wasserfälle (7!), welche sich für schöne Fotos eignen. Du kannst zudem wählen, an den Abenteuerparks mit den Ziplines vorbeizufahren oder doch eine Aktivität zu buchen, falls Du Lust hast. Auch Pailón del Diablo könntest Du von beiden Seiten besuchen.
Danach kannst Du entlang der Straße nach Puyo fahren, solange Dir die Landschaft gefällt. Wenn Du zurück nach Baños möchtest, hältst Du an einer Bushaltestelle. Busse bringen Dich und Dein Fahrrad für $2 zurück nach Baños. Rechne einfach etwas Zeit ein, bis ein Bus Dich mitnehmen kann, da die ersten beiden Busse, die an uns vorbeifuhren, voll waren und wir eine ganze Weile warten mussten.

Gehe Raften oder Canyoning

Ich habe dies nicht gemacht, da es zwischen 3 und 10 °C hatte, während ich in Baños war, aber diese zwei Aktivitäten sind hier sehr üblich und man kann die Ausflüge in vielen Tour-Büros buchen.

Schaukle hoch über der Stadt im Casa del Arbol

Wenn Du noch nicht auf der Schaukel beim Teleferico in Quito warst, wäre dieser Berg eine gute Alternative (2.5 Stunden zu Fuß oder eine 30-minütige Bus/Chiva Fahrt für $2.50). Du hast einen tollen Blick über die wunderschöne

Landschaft und kannst sie genießen, während Du Dich von einem Baumhaus schwingst. Der Eintritt zum Baumhaus kostet 1 Dollar und etwa einen weiteren Dollar für jede Schaukel, die Du benutzen möchtest.

Erlebe eine heiße Quelle

Ich habe bewusst „erlebe“ geschrieben, da dies eine Erfahrung ist, die Du in Südamerika machen solltest, aber Du wirst enttäuscht sein, wenn Du ein schönes, sauberes Thermalbad erwartest. Wir hörten, dass die heißen Quellen im Stadtzentrum sehr überfüllt sind und fuhren deswegen zu Termas el Salado (Eintritt: $3 / Taxifahrt für $2 oder 20-Minuten zu Fuß). Allerdings gab es nur einen Pool, der heiß war, und die anderen waren lauwarm. Dadurch war der heiße Pool sehr überfüllt. Zudem war die Farbe der Pools ein schlammiges Braun. Vielleicht hättest Du am Morgen eine entspanntere Erfahrung mit weniger Menschen. Wir waren um 17.00 Uhr da.
Das Coole ist, dass man vom Pool zum Fluss hinunter gehen und sich unter einem natürlichen Wasserfall abkühlen kann.

Erlebe eine Massage

Für 15 bis 25 Dollar pro Stunde kannst Du eine Ganzkörpermassage mit heißen Steinen und einer Gesichtsmaske buchen. Während meine Massage ein bisschen hart und daher nicht sehr entspannend war, genoss ich die Wärme der heißen Steine und die Maske aus Amazonas-Schokolade. Die ganze Erfahrung hat sich also gelohnt. Massage-Salons findet man überall im Stadtzentrum.

Iss im Mercado Central

Der Zentralmarkt ist von früh morgens bis 18 Uhr geöffnet. Du kannst lokale Mahlzeiten wie Hornado (Fleisch von einem ganzen Schwein) oder Encebollado genießen (ab $2.50).

Entspanne in einem Café

Es gibt viele Cafés in Baños mit einer großen Auswahl, gutem Kaffee und guten Preisen (keine internationalen Ketten).

Unterkunft

Ich übernachtete im **Papachos,** das 5 Minuten zu Fuß vom Zentrum der Stadt entfernt war. Die Betten hatten gute Matratzen und Vorhänge. Die Herberge war sauber und hatte eine gute Stimmung. Frage nach einer zweiten Decke (una colcha), wenn es kalt ist.

Latacunga

Latacunga ist das Tor zu einem schönen Wandergebiet. Du kannst Touren zum Vulkan Cotopaxi starten (den Du wahrscheinlich vom Flugzeug aus gesehen hast) oder Dich auf die 3 bis 5-tägige Quilotoa-Rundwanderung begeben. Latacunga selbst ist klein und leicht zu navigieren. Es bietet einen schönen Park mit Palmen und genug verschiedene Restaurants, um den Bauch eines Touristen zu füllen.

Anfahrt nach Latacunga

Von Baños:

Du nimmst einen Bus für $2.50 und fährst für ca. 1,5 Stunden. Busse fahren fast alle 30 Minuten. Du wirst an einer großen Kreuzung entlang der Autobahn abgesetzt. Dort wartest Du auf den nächsten Bus, der in die Stadt hinein fährt, oder Du steigst in ein Colectivo-Taxi zum zentralen Busbahnhof. Dies kostet $0.50.

Von oder nach Quito:

Busse fahren stündlich vom zentralen Busbahnhof in Latacunga ab und brauchen 2 Stunden nach Quito für $2.50. Die Haltestelle in Quito ist Quitumbe.

Was man ab Latacunga unternehmen kann

Wie gesagt, ist es ein großartiger Ort, um als Basis für Tageswanderungen oder mehrtägige Wanderungen zu benutzen. Das Wichtigste ist jedoch, dass Du Dich richtig an die Höhe gewöhnst, bevor Du irgendwelche Wanderungen beginnst. Verbringe mindestens 3 Tage in einer Stadt oberhalb von 2500 m (Quito oder Latacunga), bevor Du irgendwelche Wanderungen unternimmst. Wenn Du frisch aus dem Flugzeug aus Europa oder einem Ort am Meer ankommst, wird Dein Herz wie wild pumpen, wenn Du auf dieser Höhe eine Treppe hochsteigst. Wenn Du Deinem Körper jedoch ein paar Tage Zeit gibst, sich anzupassen und vielleicht entspannenden Coca-Tee trinkst, solltest Du Dich auf dem Weg zum Cotopaxi Gletscher auf 5100 m gut fühlen.

Wanderung auf dem Cotopaxi

Das war einer der Höhepunkte meiner Reise! Cotopaxis Schönheit ist vergleichbar mit der des Fuji-Gebirges in Japan. Er bietet eine unglaubliche Aussicht mit seinem schneebedeckten Gipfel und bräunlichen, wüstenartigen Boden. Er ist über 6000 m hoch und erfahrene Bergsteiger können mehrtägige Touren zum Krater buchen.

Ich bin kein großer Fan vom Wandern, aber ich genieße es von Zeit zu Zeit. Ich bin also nicht der fitteste Wanderer, aber mit der richtigen Akklimatisierung und einem kleinen Schritt nach dem anderen habe ich es geschafft, auf 5100 m auf den Gletscher zu kommen. Falls Du dasselbe tun möchtest, empfehle ich, eine Tour mit Transport, einem Guide und Mittagessen zu buchen. Ich zahlte 35 Dollar und buchte es über meine Herberge (**Old House Backpackers**). Wahrscheinlich könnte man die Tour auch für 30 Dollar bekommen, aber meine beinhaltete auch Wanderschuhe, die ich am Vortag benutzen durfte, damit meine Füße sich daran gewöhnen konnten.

Abholung war um 8.30 Uhr und die Fahrt zum Park dauerte etwa eine Stunde. Gerade als wir ankamen, lichteten sich die Wolken und wir sahen den ganzen Vulkan majestätisch vor uns aufragen. Zum Glück blieb es während der gesamten Wanderung so. Unser Guide war sehr überrascht, da ein gewöhnlicher Tag am Cotopaxi zu meist bewölkt und unglaublich windig ist (bringe eine Windbreaker Jacke, eine Mütze und einen Schal! Auch Sonnencreme darfst Du nicht vergessen, da die Sonne hier oben stärker ist.) Wir waren jedoch mit wenig Wind und einem wolkenlosen Himmel gesegnet. Ich hoffe das auch für Deinen Besuch.

Um 10 Uhr erreichten wir den Parkplatz auf 4500 m und starteten die Wanderung entlang eines Serpentinenpfades. Er ist sehr sandig und man braucht unbedingt Wanderschuhe mit gutem Grip, die über die Knöchel gehen.
Hier spürten wir die Höhe in unseren Körpergefäßen und es war wichtig, dass jeder in der Gruppe sein eigenes Tempo

ging. Wenn Du Babyschritte in Zeitlupe machst (wie ich es tat), erreichst Du das Refugio nach einer Stunde.

Dort machst Du eine Pause und isst Deine mitgebrachten Snacks oder kaufst einen warmen Coca-Tee für $2.50. Sobald sich Dein Atem wieder beruhigt hat, kannst Du weitere 45 Minuten anhängen, um unterhalb des Gletschers zu gelangen. Vor einigen Jahren war es möglich, tatsächlich zum Gletscher zu wandern und ihn zu berühren. Doch jetzt raten die Guides davon ab. Sie bringen Dich zu einem Stoppschild 100 m unterhalb des Gletschers (wo früher der Gletscher war). Trotzdem sahen wir einige Leute die letzten 100 m hochklettern, aber die Guides waren nicht glücklich, da es hier viel steiler und die Gefahr, dass große Felsen runter rollen, sehr hoch ist.

An einem Tag mit schlechter Aussicht lohnt es sich vielleicht nicht, über das Refugio hinaus zu wandern. Aber an einem Tag mit einer guten Aussicht ist es toll, dem Gipfel noch etwas näherzukommen und einen Blick auf die andere Seite des Berges zu haben. Achte einfach gut auf jeden Tritt, denn es ist steiler als unterhalb des Refugios! Auch beim Heruntergehen. Der Rückweg unterhalb des Refugios war viel einfacher, da man auf dem losen Sand hinabgleiten konnte. Allerdings hätte ich diesen guten Weg wahrscheinlich nicht selbst gefunden und war froh, dass wir einen Guide hatten.

Um 13.30 Uhr erhielten wir unser Mittagessen in einem Restaurant im unteren Teil des Nationalparks. Danach besuchten wir kurz eine Lagune, die im Vergleich zur Quilotoa Lagune nichts Besonderes war. Zudem war es dort so windig, dass es schwer war, gerade zu stehen.

Wir waren kurz nach 15.30 Uhr wieder in Latacunga.

Eine eintägige Wanderung zur Quilotoa Lagune

Um zur Lagune zu gelangen, nimmst Du einen Bus vom Busbahnhof in Latacunga für $3 nach Puerta de Quilotoa. Frage nach einem Sitzplatz auf der rechten Seite des Busses für die gute Aussicht auf das Tal. Er wird Dich an einem Tor 200 m vom Krater der Lagune entfernt absetzen. Die Busse von *Andes Transit* fahren um 7 und 12 Uhr ab und brauchen etwas mehr als 2 Stunden, aber es hat auch noch andere Busunternehmen.

Falls Du nur ein paar Fotos von der schönen Lagune machen möchtest, wirst Du das Ganze in 30 Minuten gesehen haben. Es gibt einige Restaurants und sogar Hotels oder Hostels dort oben (allerdings ist es in der Regel sehr windig und nicht sehr angenehm, draußen zu sitzen).

Du kannst auch zum Wasser hinunterwandern. Es dauert etwa 45 Minuten und der Rückweg eine Stunde.

Der Bus zurück nach Latacunga fährt von der Gabelung beim Eingangstor, etwas die Straße hinauf. Bevor er abfährt, parkt der Bus ca. 20 Minuten an der Straße. Frage am Busbahnhof in Latacunga nach den richtigen Rückfahrtzeiten, bevor Du losfährst. Mein Bus fuhr um 16.30 Uhr ab.
Wieder kostete es $3 und dauerte knapp über 2 Stunden nach Latacunga.

Die Quilotoa Rundwanderung

Der „Quilotoa Loop" ist eine Wanderung, für die Du 3 bis 5 Tage benötigst. Du wirst grüne Hügel, blau-grüne Bäche, lächelnde Kinder (bringe einige Süßigkeiten für sie oder lehre sie ein Spiel), und Lamas sehen. Als Belohnung hast Du am Ende einen atemberaubenden Blick auf die Quilotoa Lagune. Da Du jedoch von der Bushaltestelle aus einen direkten Zugang zur Aussichtsplattform der Lagune hast, musst Du Dich nicht unbedingt mit einer fünftägigen Wanderung belasten, bevor Du die Lagune siehst. Bei dieser Wanderung geht es mehr darum, in Ecuadors Landschaft zu sein, neue Leute zu treffen und seinen Gedanken zu folgen, während Du Dich verirren wirst und zurück auf den richtigen Weg finden musst. Die Nächte, verbringst Du in Hostels in Dörfern und daher musst Du nur einen kleinen Rucksack mit Wasser, Snacks, Kleidung und Toilettenartikeln mitbringen. In der Regel ist das Abendessen im Preis der Herberge inbegriffen. Den Rest Deiner Sachen solltest Du in Deiner Unterkunft in

Latacunga aufbewahren. Frag vorab, ob Dein Hostel dies kostenlos anbietet.

Trage passende Wanderkleidung (Wanderschuhe, Stöcke und schnell trocknende Kleidung), da dies die anstrengenden Anstiege und Abstiege viel einfacher machen wird (von diesen hat es viele und auf einer Höhe von ca. 3900 m ist dies kein Sonntagsspaziergang.)
Die typische Route ist Latacunga -> Sigchos -> Isinlivi -> Chugchilan -> Quilotoa -> Latacunga. Informiere Dich vor dem Start in Latacunga richtig über die Route, um die Wahrscheinlichkeit zu minimieren, sich zu verlaufen und bringe genügend Bargeld (Du kannst nicht mit Kreditkarte bezahlen und es gibt keine Geldautomaten), falls Du unerwartet einen Bus oder ein Lama nehmen möchtest, um einen Teil der Wanderung zu überspringen.

Cuenca

In dieser Stadt findest Du hübsche Kolonialarchitektur sowie stilvolle, moderne Häuser. Viele von ihnen sind aus rotem Backstein gebaut und so sieht man ein Meer von Rot, wenn man zu einem Aussichtspunkt geht. Zahlreiche einladende Parks mit Bänken und coolen Spielplätzen warten darauf, entdeckt zu werden, sowie schöne Thermalbäder und lokale Lebensmittelmärkte. Cuenca ist auf jeden Fall eine Stadt, in der es wert ist, einige Tage Halt zu machen.

Anfahrt nach Cuenca

Von Quito (Terminal Quitumbe) oder Baños hast Du regelmäßige Busse nach Cuenca. Die Fahrt dauert ab beiden Städten ca. 7.5 Stunden und kostet ca. 11 Dollar. Ab Guayaquil dauert die Fahrt ca. 3.5 Stunden und kostet ca. 7 Dollar. Schau auf der Website von **Rome2Rio** die aktuellen Fahrzeiten nach.
Falls Du aus Mancora in Peru kommst, ist Cuenca eine gute Option, um in Ecuador anzukommen. Es gibt direkte Nachtbusse von Peru nach Cuenca und umgekehrt.

Was man in Cuenca unternehmen sollte

Als ich ankam, wurde ich mit einem sintflutartigen Regenguss empfangen, sodass alle meine Sachen durchnässt waren. Außerdem ist es ziemlich schwierig, nach 21.00 Uhr ein Restaurant oder Hostel zu finden, da alles geschlossen wird (beachte dies also bei Deiner Ankunftszeit). Trotzdem hat mich die Stadt voll und ganz verzaubert.

Besuche ein kostenloses Kunstmuseum

Es gibt mehrere Kunstmuseen und alle sind kostenlos. Ich mochte das **Museum für moderne Kunst** (eine Spende wurde geschätzt). Es war in erster Linie eine Ausstellung über einen Künstler, der Legofiguren in verschiedenen Szenen malte.

Adresse: Adresse: Mariscal Sucre 1527 und Coronel Télbot, Cuenca. Öffnungszeiten: Montag bis Freitag 9 bis 16.45 Uhr. Samstag und Sonntag 9.00 bis 14.00 Uhr.

Das **Panama Hat Museum** war auch gut für einen kurzen Besuch. Allerdings handelt es sich eher um ein Geschäft mit sehr teuren Hüten mit ein paar Hut-Produktionsmaschinen.

Adresse: Calle Larga 10-41. Geöffnet von 8.00 bis 12.30 Uhr und 14.30 – 17.30. Samstags von 8.30 Uhr bis 12.30 Uhr.

Wenn Du alten Schmuck, Ruinen und Lamas magst, solltest Du zu den **Pumapungo Ruinen** gehen. Sie befinden sich in der Stadt und man kann vom Zentrum aus zu Fuß gehen. Es ist ein Museum sowie ein Outdoor-Park mit Tieren. Wie die anderen Museen kann man es kostenlos betreten.

Adresse: Calle Larga und Huayna Capac Esquina. Montags geschlossen. Di – Fr: 8.00 - 17.00 Uhr und Samstag/Sonntag: 10.00 bis 16.00 Uhr.

Entspanne in einem schönen Thermalbadkomplex

Agua de Piedra (https://piedradeagua.com.ec/) war das beste Thermalbad, indem ich je war! Schau Dir ihre Website an, denn oft bieten sie eine 2 für 1 Aktion. Der normale Preis beträgt $35 und der Rundgang umfasst eine Dampfsauna, zwei heiße Schlammbecken, einen heißen und einen kalten Pool in einer von Kerzen beleuchteten Höhle, eine Dampfbox und einen warmen Entspannungspool.
Ein Taxi mit Taximeter von der Innenstadt von Cuenca kostet zwischen $4.50 und $5.50.

Genieße die Aussicht vom Turi Aussichtspunkt

Meiner Meinung nach könnte diese Aussicht übersprungen werden, wenn Du nur wenig Zeit hast, aber es würde Dir einen schönen Blick über das rote Ziegelmeer bieten. Nimm einen Bus von der Ecke *12 de Abril und Solano*, um dorthin und zurück zu gelangen, da Du Dich sonst irgendwie in einem steilen Waldgebiet zurechtfinden musst (zum Beispiel vorbei an der *Mall of Rio*, was ein ziemlicher Umweg ist). Du benötigst eine Karte für den Bus, aber wenn Du mit Einheimischen redest, können auch diese für Dich bezahlen und Du gibst ihnen die 25 Cent.
Falls dies zu kompliziert klingt, fragst Du Deine Unterkunft, ob es eine näher gelegene Bushaltestelle mit einem Bus zum Turi Aussichtspunkt gibt oder nimmst an der Hop-on-Hop-off-Tour teil ($8), die Dich zu vielen wichtigen Sehenswürdigkeiten der Stadt bringt.

Schlendere entlang des Flusses und entspanne in den Parks

Cuenca ist eine tolle Stadt, um einfach herumzuschlendern, da es viele Kunsthandwerksmärkte und einladende Plätze im Freien gibt. Vor allem der Spaziergang entlang des Flusses ist malerisch und der Park beim Planetarium (Parque de la Madre) hat einen schönen Spielplatz.

Iss im El Santo

Dieses mexikanische Restaurant bietet sehr leckere Tacos und Quesadillas zu sehr günstigen Preisen, dass ich zweimal zurückging.

Ein Halbtagesausflug von Cuenca - besuche den Cajas Nationalpark

Ich habe fast den Fehler gemacht, diesen Nationalpark zu überspringen, aber er ist so atemberaubend schön, dass man weinen könnte. Diese Landschaft mit grünen Hügeln und schwarzen Seen ist ein Muss in dieser Gegend und darüber hinaus ist es sehr einfach, dorthin zu gelangen.

Nimm einen *Occidental* Bus vom Terminal Terrestre zum Eingang des Cajas Nationalparks. Zwischen 8 und 16 Uhr verkehrt stündlich etwa ein Bus. Am besten ist es, wenn Du nach den aktuellen Buszeiten fragst, sobald Du am Busbahnhof von Cuenca ankommst.

Normalerweise regnet es in Cajas nach 13 Uhr (es ist schließlich ein Feuchtgebiet) und man geht daher besser früh los.

Ich nahm den Bus um 10.20 Uhr für 2 Dollar (zzgl. 10 Cent Terminalgebühr, die Du an einem Automaten vor dem Tor bezahlen musst).

Die Busfahrt bietet eine herrliche Aussicht und dauert etwa 50 Minuten.

Registriere Dich im linken Gebäude (ich bin mir nicht sicher, warum, da ich mich nicht abmelden musste, als ich zurückkam und sie daher nicht merken würden, wenn ich verloren ginge).
Im Gebäude rechts findest Du ein Restaurant mit Grundnahrungsmitteln und Toiletten.

Falls Du nur eine einfache Wanderung machen möchtest und die Landschaft sehen willst, gehst Du zuerst nach links und genießt den Blick über den See von der Aussichtsplattform. Gehe dann den Weg hinunter, sodass Du auf der rechten Seite um den See herumläufst. Sobald Du am Fuße des Berges ankommst, kannst Du wählen, wie weit Du um den Berg herumlaufen möchtest, bevor Du umdrehst.

Wenn Du Dich abenteuerlustig fühlst und gute Wander-/Trekkingschuhe hast, kannst Du die Tour Nummer 2 (3 bis 4 Stunden) versuchen. Es wird Dir sicherlich die atemberaubendsten Aussichten bieten, aber es beinhaltet Klettern auf rutschigem Gelände und man sollte die Wanderung nur wagen, wenn man mit der Höhe umgehen kann.
Tour 2 startet auch nach links über die Aussichtsplattform. Du gehst dann weiter nach links und kletterst über hügeliges Gelände, bis Du die Hauptstraße erreichst. Gehe

700 m die Straße entlang, bis Du den Ausgangspunkt der Route 2 mit grünen Pfeilen findest. Jetzt bist Du auf glatterem Terrain. Achte jedoch auf jeden Schritt, da dies ein Feuchtgebiet ist und Du Deinen Fuß leicht in einem Sumpf versinken könntest.

Wenn Du den Fuß des Berges erreichst, liegt ein Anstieg von 400 m vor Dir. Geh es langsam an und versuche regelmäßig zu atmen (was auf 4000 m schwierig ist). Das Gras war rutschig und ich brauchte meine Hände, um mich festzuhalten. Das Gebiet ist sehr exponiert und wäre bei Regen gefährlich (es regnet hier oft). Trage daher besser gute Wanderschuhe.
Auf dem Gipfel wirst Du mit einem spektakulären Blick über schwarze Lagunen und grüne Berge belohnt.
Runter geht es auf der anderen Seite des Berges, die auch rutschig und gefährlich ist, da es keinen klaren Weg gibt und Du Deinen eigenen Weg finden musst. Zudem wurde ich durch den herannahenden Sturm unter Druck gesetzt. Ich schaffte es gerade noch rechtzeitig auf die sichere Ebene, bevor der strömende Regen kam. Die Landschaft war aber immer noch wunderschön und ich genoss es, über die kleinen Brücken zu gehen.

Um zurück nach Cuenca zu kommen, nimmst Du einen Bus an der Bushaltestelle entlang der Straße vor dem Parkplatz, welcher in Richtung Cuenca fährt. Es gibt eine Verbindung pro Stunde und kostet $2.

Montañita

Dies ist der berühmteste Backpacker-Ort entlang der ecuadorianischen Küste. Abgesehen von einem langen Strandabschnitt mit tollen Wellen für Anfänger sowie Fortgeschrittene bietet es eine gute Ceviche und ein tolles Partyleben.

Wenn Du ein guter Surfer bist, solltest Du Ayampe oder Mompiche besuchen. Allerdings sind dies verschlafene Kleinstädte und wenn Du ein Alleinreisender bist, könnte es Dir zu ruhig sein. Daher solltest Du Montañita ausprobieren, auch wenn Du nicht die ganze Zeit feiern möchtest. Dieser Ort wächst einem schnell ans Herz.

Als ich zum ersten Mal nach Montañita kam, war es ein kalter Wintertag mit Nieselregen und alles, was ich sah,

waren die Hunderte von bunten Strandkörben und triste Gebäude und Geschäfte, die für billigen Alkohol Werbung machten. Ich fragte mich, warum jemand hier bleiben möchte, wenn es noch so viel schönere Sandabschnitte an der Küste gibt. Allerdings stand ich am nächsten Tag zum Surfen auf und die Wellen waren toll. Außerdem war der Strand jeden Morgen bis 10 Uhr leer und wenn man vorher kommt, kann man die ganzen 3 km für sich haben. Abends ist die Stimmung auch sehr schön. Man kann feiern, wenn man will, aber man kann es vermeiden, wenn man einen ruhigen Abend möchte.
Die Leute im Ort sind nett und man fühlt sich bald wie ein Einheimischer. Vielleicht ist das der Grund, warum die Leute gerne mehrere Wochen bleiben und die Chance nutzen, einen günstigen Spanischkurs zu belegen. Ecuador hat eine Menge Schätze zu bieten, aber es war schwer, Montañita zu verlassen, um mehr zu erkunden und ich denke, es könnte Dich auf die gleiche Weise verzaubern.

Was Du in Montañita unternehmen solltest

Obwohl es eine kleine Stadt ist, hat dieser Ort eine Menge Aktivitäten zu bieten.

Spanisch lernen in Montañita

Der Besuch der Spanischschule in Montañita ist sehr populär, da sie wahrscheinlich einige der besten Preise in Südamerika bietet. Da die Hälfte der Touristen in Montañita an der Spanischschule sind, wirst Du schnell Freunde finden. Du kannst Kurse online (https://www.montanitaspanishschool.com/prices.html)

vorbuchen, aber da Online-Pakete in der Regel teurer sind, kannst Du auch einfach fragen, sobald Du hier bist.

Surfen in Montañita

Für Anfänger ist Montañita ein perfekter Ort, um surfen zu lernen. Es ist ein sicherer Strandabschnitt mit konstantem Weißwasser. Die grünen Wellen sind ein bisschen anspruchsvoll, aber gut geeignet für fortgeschrittene Surfer. Wenn Du Dich langweilst, nimmst Du Dein Board in einen Bus oder in ein Taxi und fährst zu den benachbarten Stränden oder buchst bei einer der Surfschulen am Strand eine Surfari. Die Preise für das Board und den Neoprenanzug sind überall am Strand gleich: $5/Stunde, $8/2 Stunden, $10/Tag.

Walbeobachtung in Puerto Lopez

Puerto Lopez befindet sich 1 Stunde nördlich von Montañita. Natürlich könntest Du dort übernachten und eine Walbeobachtungstour für 25 Dollar buchen. Puerto Lopez ist jedoch nur ein Hafen mit vielen kleinen Fischerbooten und daher kein schöner Strand, um Zeit zu verbringen. Was man in Puerto Lopez nebst dem Walbeobachtungsausflug noch machen sollte, ist, eine Ceviche auf dem Fischmarkt zu essen. Es war die beste Ceviche, die ich in Südamerika hatte und kostete nur 4 Dollar.

Von Montañita können dieselben Walbeobachtungs-ausflüge gebucht werden. Zum Beispiel mit Go Montañita von Juni bis September für $30. In diesem Preis ist der Transport zwischen Montañita und Puerto Lopez auch enthalten. Während meiner Tour sahen wir eine Mutter und ein Baby Buckelwal. Sie waren sehr aktiv und sprangen mehrmals.

Mache einen Tagesausflug nach Isla de la Plata

Diese Insel wird auch „Galapagos für die Armen" genannt, da sie von vielen Tieren bevölkert ist, die auch auf Galapagos leben. Falls Du es nicht auf die traumhaften Galapagos schaffst, solltest Du es in Betracht ziehen, wenigstens diesen Tagesausflug zu machen und ein Foto von den Blaufußtölpeln zu bekommen. Die Touren starten in Puerto Lopez, aber können für $55 auch ab Montañita gebucht werden. Wenn Du während der Walsaison da bist, wirst Du während der Überfahrt zur Insel wahrscheinlich auch springende Buckelwale zu Gesicht bekommen.

Entspanne in einer Hängematte

Viele Hostels haben einen schönen Außenbereich, wo man am Abend oder während des Tages in Hängematten entspannen kann, falls es zu heiß (November bis Februar) oder regnerisch ist. Ich war im **Hidden House** und war sehr glücklich dort. Es war sauber und die Betten waren komfortabel. Da mein Zimmer in der Nähe der Straße war, hörte ich die Musik von der Bar nicht zu stark und schlief sehr gut.

Gehe zum Aussichtspunkt

Auf der Seite in Richtung Puerto Lopez entlang des Strandes von Montañita gibt es einen Aussichtspunkt, von dem aus Du einen schönen Blick über das Meer und hinunter auf den benachbarten Strand hast. Manchmal kann man sogar Wale in der Ferne beobachten.

Tanze, bis zum Morgengrauen

Von Mittwoch bis Samstag hast Du die Qual der Wahl zwischen vielen Partys in den Clubs und Bars von Montañita. Es ist vor allem Elektromusik, aber auch etwas Reggaeton. Von Sonntag bis Dienstag ist es jedoch ziemlich ruhig in Montañita.

Wo man in Montañita essen sollte

Montañita hat eine ganze Reihe von teuren, touristischen Orten, aber leckere Meeresfrüchte und andere lokale Spezialitäten findet man für wenig Geld.

Genieße eine Ceviche mit Meerblick

Wenn Du zwischen 10 und 17 Uhr am Strand entlang läufst, wirst Du den gelben Ceviche-Wagen (ich mochte *Ceviche de Manuel*) begegnen. Die Preise beginnen bei $6 und beinhalten viel Limette und Koriander und ein Paket Chifle (Bananenchips). Die Meeresfrüchte sind frisch und lecker.

Probiere Encebollado

Wenn Du diese Suppe mit Fisch, Zwiebeln und Limette bisher nicht probiert hast, ist hier der Ort, um das zu tun. Man findet Encebollado in Restaurants oder an kleinen Straßenständen im Zentrum der Stadt ab $2.50 inklusive Chifle (Bananenchips). Die Einheimischen schwören, dass es die beste Medizin gegen einen Kater ist. Ich mochte den Geschmack auch einfach so.

Der beste Burrito der Stadt

Direkt neben der Brücke an der Ecke der Straße, die zum *Hidden House* Hostel führt, befindet sich eine TexMex Hütte. Für $4 kannst Du einen sehr leckeren Burrito mit Guacamole oder Hummus haben. Was noch besser ist, ist, dass die Pommes sehr knusprig sind (schwer zu finden in Südamerika).

Tigrillo zum Frühstück

Auch entlang der Straße zum *Hidden House* Hostel findest Du eine Frühstückshütte (Restaurant kann man die Blechgarage nicht wirklich nennen), in der ein Gericht namens Tigrillo serviert wird. Es bestand aus gekochten und püriert Kochbananen mit gutem Feta-Käse und einem Ei mit Saft für $2.50.

Wenn Dir nach etwas Süßem ist

Es gibt eine Bäckerei, die auf *maps.me* markiert ist (gegenüber einer Pizzeria auf der ersten belebten Straße, die parallel zum Ozean verläuft) wo man die leckersten Schokoladen-Croissants für 1 Dollar kaufen kann. Weil Montañita so klein ist und genau adressierte Straßen nicht zu existieren scheinen, kann ich Dir leider nicht die genaue Adresse geben. Aber es lohnt sich, nach diesem Ort zu suchen, da die Schokolade in den Croissants göttlich ist und die Croissants immer schön warm waren. Seit ich von diesem Ort erfahren habe, ging ich jeden Tag zurück.

Ein Ausflug in den Cuyabeno Regenwald

Ein Ausflug in den Amazonas-Regenwald ist für viele Reisende ein Highlight. Es gibt bekannte Tour-Optionen in Kolumbien, Peru und natürlich Brasilien. Aber wusstest Du, dass Ecuador auch Naturschutzgebiete hat, wo man die rosa Delfine, Anakondas, Affen und Faultiere beobachten und die Interaktion mit einheimischen Menschen erleben kann? Willkommen im Cuyabeno Reservat!

Für mehrere Wochen dachte ich darüber nach, ob ich eine Tour in den Regenwald machen sollte. Ich wollte die Affen, bunten Frösche und Delfine sehen, aber ich habe furchtbare Angst vor Spinnen. Von denen gibt es da offenbar viele, einschließlich Taranteln. Schlussendlich beschloss ich, es zu versuchen, weil alle anderen, mit denen ich gesprochen habe, ihre Reise ins Cuyabeno

Reservat genossen hatten. Ich buchte eine 4 Tage/3 Nächte Tour in der **Cuyabeno Lodge** (cuyabenolodge.com.ec/), der ersten Lodge in diesem Reservat (mittlerweile hat man die Auswahl zwischen 14 Lodges).

Beste Zeit für einen Besuch

Die beste Zeit für einen Besuch im Cuyabeno Reservat ist am Ende der Regenzeit von April bis Juli. Während der Trockenzeit müssen die Lodges schließen, sobald das Wasser weg ist, bis die Lagunen wieder mit Regen gefüllt sind. Dies kann jederzeit zwischen November und Januar sein.

Anfahrt nach Lago Agrio

Unser Treffpunkt war um 9.30 Uhr im *De Mario Hotel* in Lago Agrio. Da ich die lange Anreise über Land aus Kolumbien machte, verbrachte ich die Nacht vor der Tour in Lago Agrio. Die Hotels sind einfach eingerichtet. Es ist günstiger, wenn man (bei Tageslicht) direkt einige Unterkünfte nach einem Zimmer fragt, anstatt online zu buchen. Nicht viele der Unterkünfte sind in den Buchungsportalen aufgeführt.

Lago Agrio ist keine Stadt, in der man viel Zeit verbringen möchte, aber ich war froh, dass ich die Tour nicht nach einem 5-stündigen Nachtbus von Quito (Abfahrt um 23 Uhr ab Carcelen) gestartet habe, wie es die meisten in meiner Gruppe taten.

Die andere Möglichkeit ist, mit TAME hierher zu fliegen. Allerdings sind die Flugzeuge oft nicht pünktlich und Du könntest einen Teil Deines ersten Tages im Dschungel verpassen.

Mein Ausflug in die Cuyabeno Lodge

Der Fahrer tauchte kurz vor 9.30 Uhr auf und wir stiegen in einen Bus, der uns zur Cuyabeno Lodge brachte. Zuerst fuhren wir jedoch zum Flughafen, um den Rest der Gruppe abzuholen. Nach einer Stunde Wartezeit teilte uns der Fahrer mit, dass das Flugzeug erst nach der Mittagszeit ankommen würde. Daher würde er auf sie warten, während jemand anderes uns bereits ins Reservat brächte. Wir wechselten das Gepäck in das neue Fahrzeug und kamen 2.5 Stunden später am Fluss an.

Wir erhielten ein einfaches Mittagessen mit Reis und Huhn mit einer Scheibe Wassermelone, bevor wir das motorisierte Kanu bestiegen. Die Fahrer sorgten dafür, dass unsere Rucksäcke gut mit einer Plastikfolie bedeckt waren und wir alle erhielten einen Regenponcho, den wir bis zum Ende unseres Aufenthalts behalten konnten. Zum Glück brauchten wir die Ponchos nicht, aber anscheinend hatte es in den 3 Tagen zuvor oft geregnet.

Die Fahrt im Kanu war toll, weil man von so viel Grün umgeben ist und von einem breiten, milchig-braunen Fluss zu kleinen, schwarzen Kanälen navigiert. Die Aufregung stieg, als wir Affen (3 Arten), zwei Faultiere, zwei Tukane, die hoch über uns über den Dschungel flogen, und eine kleine Anakonda entdeckten!

Wir erreichten die Cuyabeno Lodge gegen 16.30 Uhr und wurden mit einer frisch zubereiteten Limonade begrüßt (mit einigen Ameisen im Glas, aber man gewöhnt sich besser schnell daran, da Ameisen, Spinnen und Frösche Deine ständigen Begleiter sein werden).

Wir wurden unseren Zimmern zugewiesen und konnten uns etwas einrichten. Um 17.30 Uhr war unser nächster Treffpunkt. Alle erhielten ein Paddel und stiegen dieses Mal in ein Kanu ohne Motor.
Es war schön, im violetten Farbton der untergehenden Sonne auf die Laguna Grande hinaus zu paddeln.
In der Mitte der Lagune ist das Schwimmen sicher und diejenigen, denen es danach war, konnten ein erfrischendes Bad nehmen.

Nach der Rückkehr hatten wir Zeit, uns im Hängemattenbereich zu entspannen oder einen Kaffee, Tee oder Obst von der kostenlosen Snack-Station zu holen, welche den ganzen Tag eingerichtet ist.
Außerdem war es ein guter Moment, die Kameras oder Telefone in den Steckdosen im gemeinsamen Aufenthaltsbereich aufzuladen, da es auf den Zimmern keine Steckdosen gab.

Meine Gruppe führte angeregte Gespräche und wir verstanden uns gut. Die Nachzügler aus dem Flugzeug (13 Personen) waren nun auch angekommen, aber da wir uns bereits als Gruppe zusammengefunden hatten, würden wir die restlichen Tage so verbringen, obwohl meine Tour nun in Spanisch war und die andere in Englisch. Dies war ja meine Wahl und es war ein gutes Training für mich.

Das Abendessen war Schweinefleisch in einer Sauce mit Yuca und Salat. Zum Nachtisch gab es eine Ananas-Torte. Das Essen war im Allgemeinen „muy rico" (sehr gut).

Die Nacht

Es gibt zwar Moskitonetze, aber trotzdem hatte ich Angst, dass die riesige Spinne, die ich an der Wand meines Badezimmers sah, während der Nacht über mein Gesicht kriechen würde. Daher wachte ich ein paar Mal auf, aber wahrscheinlich war es mehr wegen meiner Paranoia und nichts wäre tatsächlich durch das Netz gekommen.

Wenigstens hatte ich nicht drei riesige Frösche in meinem Zimmer (oder WC) wie alle meine anderen Gruppenmitglieder. Falls Du nicht mit Fröschen oder Spinnen umgehen kannst, wirst Du den Aufenthalt im Regenwald wahrscheinlich nicht genießen können. Man muss wohl den Einheimischen glauben, die sagen, dass sie harmlos sind und hoffen, dass einem die Tiere in der Dusche oder im Bett fernbleiben.

Tag 2

Ich wachte früh zu den vielen Klängen des Dschungels auf. Das ist etwas von den Highlights hier, da einige Vogellaute schlichtweg seltsam sind. Es ist wundervoll der Natur zuzuhören.

So konnte ich bald nicht mehr im Bett bleiben, weil ich sehen wollte, wem diese Klänge gehörten.

Ich kletterte auf den Aussichtsturm der Cuyabeno Lodge (nachdem ich einen Tee und eine Banane geholt hatte) und fand 4 Affen im Baum direkt neben dem Turm. Auch ein Kolibri war zu Besuch. Außerdem sah ich einige helle, gelbe Vögel vorbeifliegen.

Nach dem Frühstück erhielten wir Gummistiefel und machten uns auf zu einem Waldspaziergang. Meine Gefühle wechselten von Ekel, weil wir um Spinnennetze herum klettern mussten, zu Aufregung, weil wir verschiedene Bäume, gefleckte Frösche von winzig zu groß (die aussahen wie Blätter) und eine Gottesanbeterin entdeckten.

Das Mittagessen war um 13.30 Uhr und bestand aus großem Mais mit Käse und gebratenen Kochbananen mit Rindereintopf (köstlich, genau wie bei meiner Großmutter), Salat und Reis. Dessert war eine Schüssel Erdbeeren.

Dann war es Zeit für Siesta bis 16.30 Uhr bei den Klängen des Dschungels. Wenn die Sonne draußen ist, wird es hier wirklich erstickend heiß.

Am frühen Abend begaben wir uns auf eine weitere Bootsfahrt. Wir fanden die Flussdelfine und beobachteten, wie sie auf- und abtauchten und sahen noch ein paar neue

Vögel. Bei Sonnenuntergang hatten wir wieder die Möglichkeit, in der Lagune zu schwimmen.

Abendessen war Gemüsesuppe, ein köstlicher Fisch mit Yuca-Pommes und Gemüse.

Nach dem Eindunkeln trafen wir uns wieder am Dock, um uns bei einer nächtlichen Bootsfahrt auf die Suche nach Caymans zu machen. Zweimal sahen wir die Reflexion ihrer Augen in unseren Lampen, aber sie tauchten immer weg. Wir fanden jedoch zwei kleine Schlangen. Das Beste an der nächtlichen Bootsfahrt war jedoch der Blick in den Himmel voller Sterne. Da es hier kaum eine Lichtverschmutzung gibt, kann man die Milchstraße sehr deutlich erkennen. Es ist also eine gute Idee, nachts auf den Aussichtsturm zu gehen und die Sterne zu beobachten.

Tag 3

Nach dem Frühstück (bestehend aus Müsli, Joghurt, frischem Brot, Butter und Marmelade) unternahmen wir eine zweistündige Bootsfahrt, um weitere Affen zu beobachten und eine der vier Gemeinden zu besuchen, die im Cuyabeno-Reservat leben. Wir besuchten sogar die Familie unseres Guides und es war schön, diese persönliche Note zu haben.
Vom Dorf sahen wir nicht viel, da wir nur für einen Kochkurs hierher kamen, aber diese Aktivität war für mich ein Höhepunkt dieser Tour. Wir durften frisches Zuckerrohr probieren und eine Casabe zubereiten (ein Teig aus Yuca, wie die brasilianische Tapioca).

Als Erstes schnitten wir die Yuca-Zweige im Garten, um die Yuca-Wurzeln herauszuziehen. Danach haben wir sie geschält und gewaschen. Wir raspelten die Yuca Wurzel, bis es wie geriebener Käse aussah. Die Frau unseres Reiseleiters quetschte dann das ganze Wasser heraus mit einem „Handtuch" bestehend aus gewobenen Blättern und einem Holzstab.
Danach siebten wir das nun trockene Yuca-Mehl und verwendeten die Yuca-Milch als Handcreme. Meine Hände waren noch nie so glatt gewesen!
Dann war es Zeit, das Mehl zu braten. Wir streuten es einfach auf eine flache, große, heiße, Pfanne und nach einer Weile, klebte das Mehl zusammen, wie ein großer Teller.
Wir bestrichen es mit Thunfisch oder Marmelade und genossen es noch warm. Köstlich!

Der Rückweg mit dem Boot dauerte eine Weile und als wir in der Cuyabeno Lodge ankamen, waren wir alle wieder hungrig auf Mittagessen, das ein gut mariniertes Rindersteak mit Bohnen, Reis und Gemüse war. Dessert war ein Pfirsich in Sahne.

Wieder war es ein heißer Nachmittag und Hängematten-Zeit bis 16.30 Uhr, als wir in einem Paddel Kanu aufbrachen. Es war schön, die Ruhe zu genießen, während wir einige Vögel beobachteten. Für den Sonnenuntergang paddelten wir zur Laguna Grande, um zu schwimmen und einen wunderschönen Sonnenuntergang zu beobachten.

Zurück an Land zogen wir unsere Dschungelstiefel an, brachten unsere Lampen oder Telefone mit und begaben uns auf einen Nachtspaziergang. Das war nicht angenehm für mich, aber es war sicherlich spannend. Wir sahen riesige Spinnen, eine davon giftig. Zwei Taranteln, zwei Skorpione und eine Schlange. Leider haben wir keine bunten, giftigen Frösche gesehen, die ich gerne entdeckt hätte, aber so war ich froh, als wir das Boot erreichten und nicht mehr auf dem spinnengefüllten Waldweg waren.

Abendessen war Huhn in einer Sauce mit Reis und Gemüse, plus eine Kürbissuppe.

Nach dem Abendessen wollten wir die Sterne auf dem Aussichtsturm beobachten, aber unser Aufstieg nach oben wurde von einer kleinen Boa gestoppt, die das Geländer der Treppe als ihren Weg benutzte. Tja, dann ist es wohl besser, ins Bett zu gehen, da wir am nächsten Morgen sowieso früh auf Vogelbeobachtung gehen würden.

Tag 4

Wir trafen uns um 6 Uhr am Dock und wurden mit einer Bootsfahrt voller Tukane und Papageien gesegnet, während sich die Sonne hinter Wolken versteckte.

Wir kehrten für ein letztes Frühstück zur Lodge zurück und nach dem Packen hatten wir eine weitere Stunde, bis das Boot uns zurück in die Zivilisation bringen würde.
Ich nutze die Zeit, um zum Aussichtsturm zu gehen und bekam einen grünen Papagei und zwei Arten von Tukanen aus der Nähe zusehen, während sie aßen.
Deshalb kam ich ja hier in den Regenwald, um Tiere zu sehen, die ich nirgendwo sonst in ihrem natürlichen Lebensraum sehen würde.

Schlussfolgerung

Bis auf die bunten Frösche sahen wir alle Tiere, die ich sehen wollte und hatten eine tolle Zeit bei der Zubereitung der Casabe. Die Reise war also ein Erfolg und auf jeden Fall ein Abenteuer.

Wenn Du jedoch keine Spinnen magst, musst Du wissen, dass dies das Tier ist, das Du am meisten siehst und dem Du am nächsten kommst. Gleich danach folgen die Kröten im Badezimmer... Bereite Dich also mental darauf vor und Du wirst die Aussicht auf die Landschaft, die vom Wasser überflutet ist, den sternenerhellten Nachthimmel, die Affen und die vielen bunten und lauten Vögel genießen.

Wie bucht man eine Reise in die Cuyabeno Lodge?

Am besten buchst Du die Tour direkt über ihre Website (http://cuyabenolodge.com.ec/). Drei Nächte/vier Tage in einem geteilten Zimmer kosteten 310 USD. Dies ist der beste Preis, den ich unter den Lodges gefunden habe. Die Programme aller Lodges sind sehr ähnlich.

Grenzübergang: Von Ecuador nach Peru

Ich reiste von Cuenca nach Mancora. Leider gab es keinen Bus während des Tages, aber die Fahrt über Nacht nach Peru war kurz und einfach. Es stehen *Azuray* oder *Super Semeria* zur Verfügung und es ergibt Sinn, nicht direkt nach Lima oder Huaraz zu fahren, sondern in einer Stadt einen Halt zu machen, die 7 bis 10 Stunden von Cuenca entfernt ist, wie Mancora oder Piura.

Um 22.30 Uhr nahm ich für 18 Dollar den *Super Semeria*.
Vor der Grenze kontrollierten sie unser Gepäck und ich musste meinen Rucksack öffnen.
Danach lagerten sie die Taschen wieder im Kofferraum und man geht nur mit dem Handgepäck über den Zoll. Zuerst holt man den Ausreisestempel von Ecuador und dann den Einreisestempel nach Peru. Der Prozess war schnell und einfach.
Fünf Minuten später hielt die Polizei den Bus an und wir mussten unsere Pässe und das Gepäck nochmals zeigen. Danach fuhren wir ohne weitere Zwischenhalte auf der peruanischen Straße weiter.

Wir kamen um 5 Uhr morgens in der ruhigen Strandstadt Mancora an, wo wir für $1 ein Tuk-Tuk zum Hostel nahmen. Ich hatte Glück, dass ich bereits einchecken und mein Bett benutzen konnte.

Es wäre die gleiche, einfache Prozedur, einen Tag- oder Nachtbus von Guayaquil nach Mancora oder Piura zu nehmen (wenn nicht gerade gestreikt wird).

Grenzübergang: Ecuador nach Kolumbien bei Ipiales

Wenn Du die malerische Landstraße von Quito oder Otavalo nach Kolumbien nehmen möchtest, musst Du Dich auf etwa 16 Stunden Busfahrt vorbereiten, bis Du einen größeren Ort erreichst. Wenn Du von Kolumbien nach Ecuador (Cali nach Quito) reisen möchtest, machst Du alles in umgekehrter Reihenfolge.

1. Schritt: Quito nach Tulcan

Steige am Carcelen Terminal in Quito in einen Bus nach Tulcan. Derselbe Bus verlässt den Busbahnhof Quitumbe eine Stunde früher, man verbringt die erste Stunde einfach damit, in Quito herumzukurven. Die Fahrt nach Tulcan kostet $7.25 – $10.25 und dauert 5 – 7 Stunden. Busse fahren stündlich oder manchmal sogar häufiger ab.

Es ist auch möglich, den Bus nach Tulcan in Otavalo zu besteigen, von wo aus es 3 – 4 Stunden dauert.

2. Schritt: Ausreisestempel aus Ecuador

Vom Busbahnhof in Tulcan hat man keine andere Wahl, als für $3.50 ein Taxi zur Grenze zu nehmen. Man kann es gut mit Fremden teilen. Sag dem Fahrer, dass Du beim ecuadorianischen Migrationsamt aussteigen musst, um Deinen Ausreisestempel zu erhalten. Da es kaum andere Leute gab (gegen 14 Uhr), hatte ich meinen Stempel in zwei Minuten.

3. Schritt: Kolumbianischer Einreisestempel

Dann ging ich die 200 m zum kolumbianischen Grenzbüro. Es hatte viele Leute, die vor dem Gebäude herumlungerten, was sich etwas unheimlich anfühlte, aber ich konnte direkt zum Eingang gehen und hatte meinen Eingangsstempel 3 Minuten später. Wie Du siehst, absolut keine Schwierigkeiten an diesem Grenzübergang (auch keine Fragen zu Rückflugtickets, was ich ja nicht hatte).

4. Schritt: Colectivo nach Ipiales

Gehe dann zurück zum Parkplatz vor dem kolumbianischen Grenzgebäude. Dort kannst Du für $1 oder 3900 COP pro Person ein Colectivo zum Busbahnhof von Ipiales nehmen.
Der Hauptgrund, warum es sich lohnt, diesen Grenzübergang über Land zu machen, kommt jetzt: besuche das schöne Kloster von Las Lajas. Es sieht aus wie eine verzauberte Burg, in einem grünen Tal mit Wasserfällen.

Besuche das Las Lajas Kloster

Die Colectivos, die nach Las Lajas fahren, warten auf dem Parkplatz oberhalb des Busbahnhofs in Ipiales. Sie fahren ab, wenn sie voll sind, brauchen 20 Minuten und kosten 2500 COP ($0.70) pro Person.

Lass Dein Gepäck in Deinem Hotel oder an der Gepäckaufbewahrung am Busbahnhof, da Du eine ganze Reihe von Treppen auf und ab gehen musst, um vom Parkplatz zum Kloster zu gelangen. Die Wanderung dauert etwa 15 Minuten und führt an Hunderten von Souvenirläden vorbei.

Der Besuch des Klostergeländes oder das Betreten der Kirche ist kostenlos. Gegen 18.30 Uhr schalten sie das Licht ein, welches das Kloster in Blau oder Violett schimmern lässt. Daher empfehle ich, eine Nacht in Ipiales zu verbringen und kurz vor Sonnenuntergang zum Kloster zu kommen, dass man es sowohl bei Tageslicht wie mit der Beleuchtung sieht.

Weiterreise von Ipiales nach Pasto, Popayan oder Cali

Die nächsten drei Städte nördlich der Grenze, in welchen es sich lohnen könnte, eine Nacht oder sogar ein paar Tage zu verbringen, sind Pasto, Popayan und Cali. Es wird jedoch nicht empfohlen, nach Einbruch der Dunkelheit auf einer dieser Straßen zu fahren. Zwischen Ipiales und Popayan kurvt man entlang von steilen Bergpässen und Unfälle können ziemlich schnell tödlich enden. Ich reiste während des Tages mit *Transpiales* und wir hatten keine Probleme. Die Filme waren auch in Ordnung. Wir machten jedoch nur einen Restaurant-Stopp um 14 Uhr, bringe daher genug Snacks.

Mein Bus von Ipiales nach Cali kostete 40'000 COP (12 USD) und dauerte 12 Stunden. Es hätte 2 Stunden nach Pasto gedauert und 8 Stunden nach Popayan.

Sei vorsichtig mit dem Essen oder Fruchtsaft von der Bushaltestelle. Während meinen ersten drei Tagen in Kolumbien hatte ich Magenprobleme und ich denke, es war von dem Saft, den wir mit dem Almuerzo im Restaurant irgendwo entlang der Strecke erhielten.

Grenzübergang: Kolumbien nach Ecuador bei Mocoa (La Hormiga/Lago Agrio)

Egal welchen Grenzübergang Du wählst, wenn Du die Grenze zwischen Kolumbien und Ecuador auf dem Landweg überqueren möchtest, bedeutet das, dass Du viele Stunden im Bus verbringen wirst. Falls Du den Cuyabeno-Regenwald in Ecuador besuchst und die Landschaft gerne durch ein Busfenster beobachtest, kann es jedoch sinnvoll sein, dass Du per Bus über diese Grenze reist. Popayan ist die letzte große Stadt auf dieser Route.

Erster Schritt: Popayan – Pitalito – Mocoa

Da es keine klaren Informationen gab, wann Busse nach Pitalito abfahren, ging ich einfach gegen 8 Uhr zum Busbahnhof. *Cootrans Laboyana* verwickelte mich in ein Gespräch, aber im Nachhinein wünschte ich, ich hätte vor dem Kauf noch mit einigen weiteren Agenturen gesprochen. Jedoch versicherten sie mir, dass ich um 9.15 Uhr für 55‘000 COP ($16) einen direkten Van nach Mocoa hätte und dies die nächste Abfahrtszeit sei. Wir sollten um 18.00 Uhr in Mocoa eintreffen. Der Minivan fuhr dann um 10.50 Uhr los. Mehrere Busse von *Cootranshuila* waren inzwischen nach Pitalito abgefahren und es wäre wahrscheinlich einfach gewesen, die Reise in zwei Schritte aufzuteilen und dann einen Bus nach Mocoa zu finden, sobald ich in Pitalito angekommen sein würde.

Der Blick auf grüne Hügel während der Fahrt war schön und wahrscheinlich nicht so gefährlich wie die Straße von Ipiales nach Popayan, weil die Klippen hier nicht sehr hoch waren. Allerdings fuhren wir zum größten Teil auf einer holprigen Schotterstraße und die Maximalgeschwindigkeit war 20 km/h. Dennoch kreuzten wir einen umgekippten Bus von unserem Busunternehmen. Glücklicherweise wurde niemand verletzt, die Leute mussten einfach am Straßenrand auf eine neue Transportmöglichkeit warten.

Sobald die gute Straße wieder anfing, hielten wir 20 Minuten in einem Restaurant an.

Um 17 Uhr erreichten wir schließlich Pitalito. Es gab keinen Minivan der gleichen Firma mehr, der heute nach Mocoa fahren würde und ich erhielt einen Platz in einem anderen Van. Das wäre an sich kein Problem gewesen, aber natürlich gab es keine guten Sitze mehr und nur einen auf der Rückbank, eingequetscht zwischen zwei stinkenden, großen Männern.
Buche Deine Reise nach Mocoa also am besten in zwei Schritten und kaufe zuerst Dein Ticket nach Pitalito (mit dem nächsten, zuverlässigen Bus, der abfährt). Dann kannst Du in Pitalito die Sitze für den Bus oder Minivan nach Mocoa selbst wählen.

Anstatt die restlichen 3 Stunden direkt nach Mocoa zu fahren, hatten wir um 19 Uhr einen 30-minütigen Stopp in einem Restaurant. Wir wurden zudem zweimal von der Polizei oder dem Militär angehalten und mussten das Auto verlassen, damit sie es durchsuchen konnten. Wenigstens dauerte das jeweils nur 5 bis 10 Minuten.

Inzwischen war es dunkel. Genau das, was ich auf diesen kurvigen, schlechten Straßen vermeiden wollte und ich empfehle wirklich, dass Du jede Strecke südlich von Popayan bei Tageslicht zurücklegst.

Nach dem Abendessen mussten wir weitere 30 Minuten mitten im Nirgendwo anhalten (wenigstens standen hier noch andere Autos im Stau und so waren wir nicht allein), weil zwei Lastwagen nebeneinander stecken geblieben sind.

Wir kamen schließlich um 21.15 Uhr in Mocoa an und die Verkäufer schrien schon, dass der nächste Van nach La Hormiga gleich abfahren würde. Man könnte also bis spät in der Nacht in die Nähe der Grenze fahren (die ersten Busse starten um 4 Uhr morgens).

Ich war froh, endlich an meinem Tagesziel angekommen zu sein. Obwohl das Hotel nur 600 m zu Fuß war, nahm ich ein Taxi, da ich nicht wusste, wie sicher dieser Ort nachts war. Glücklicherweise waren einige Restaurants noch geöffnet, die Auswahl war jedoch nicht mehr groß.

Zweiter Schritt: Mocoa – La Hormiga – Puente Internacional

Am nächsten Morgen ging ich um 10.20 Uhr zurück zum Busbahnhof und hatte Glück, dass der nächste Van an die Grenze in 10 Minuten abfahren würde. Wir reisten sogar pünktlich ab und waren recht schnell unterwegs (natürlich ohne Sicherheitsgurte).
La Hormiga erreichten wir um 13.45 Uhr, wo ich auf einen Jeep umsteigen musste, der uns an die Grenze bringen sollte (puente internacional). Als er voll war und unser Gepäck auf das Dach gebunden, fuhren wir zur Grenze, während wir einige Leute auf dem Weg mitnahmen und absetzten.
Um 15.15 Uhr erreichten wir schließlich die Grenze. Die Fahrt von Mocoa bis hierher kostete 37k COP (11 USD).

Als ich aus dem Jeep stieg, bot mir ein Einheimischer, meine Pesos gegen Dollar umzutauschen und ich freute mich zu hören, dass er den gleichen Wechselkurs wie die guten Geldautomaten hatte.

Dritter Schritt: Bus zum Zollgebäude – Passstempel und Taxi oder Bus nach Lago Agrio

Dann musste ich 200 m laufen, um den Fluss zu überqueren. Ich war jetzt zwar in Ecuador, aber war noch

an keinem Migrationsgebäude vorbeigekommen. Um dorthin zu gelangen, musste ich für 50 Cent einen Bus nehmen, der uns die 2 Kilometer zum Zollgebäude fuhr.
Die Schalter Kolumbiens und Ecuadors liegen nebeneinander. Zuerst holst Du Dir den Ausreisestempel aus Kolumbien und danach den Einreisestempel in das neue Land.
Es dauerte knapp 10 Minuten, da sich nur drei weitere Personen im Gebäude befanden.

Dann musst Du zurück zu der Stelle, wo Dich der Bus vor dem Gebäude abgeladen hat, um den nächsten nach Lago Agrio zu nehmen. Ich machte den Fehler, am Ausgang auf der ecuadorianischen Seite zu warten und der folgende Bus fuhr einfach vorbei, ohne anzuhalten. Da es ziemlich heiß war, entschied ich mich dann für ein grün-weißes Colectivo Taxi, das mich in 20 Minuten für 2 USD direkt zu meinem Hotel fuhr.

So war es, wie bereits bei der Reise über die Grenze von Ipiales nach Cali, auch hier nicht einfacher, an die Grenze von San Miguel/Lago Agrio zu gelangen. Ich dachte, es sei eine gute Option für mich, weil ich eine Regenwaldtour in Cuyabeno starten würde und auf diese Weise nicht nach Quito fliegen und dann mit dem Nachtbus von Quito hierher fahren müsste. Es wäre jedoch sicherer, schneller und angenehmer, zu fliegen. Allerdings fanden zum Zeitpunkt der Veröffentlichung dieser Buchversion keine Flüge nach Lago Agrio statt. Überprüfe dies deshalb am besten, wenn Du nach Lago Agrio fliegen möchtest, ob sich die Flugsituation nach Covid wieder normalisiert hat.

Bonuskapitel: Galapagos

Diese Inseln, die für ihre reiche Tierwelt berühmt sind, können in einem 2-stündigen Flug vom Festland Ecuadors erreicht werden. Das Besondere an Galapagos ist, dass sich alle Inseln innerhalb eines Naturschutzgebietes befinden. Es ist verboten, näher als zwei Meter an die Tiere heranzutreten, sie zu berühren, zu füttern, zu jagen oder sonst irgendwie mit ihnen zu interagieren. Dies führte dazu, dass die Tiere den Besuchern keinerlei Aufmerksamkeit schenken. Du kannst mitten in eine Seelöwenkolonie hineintreten und den Tieren ist das egal. Das Gleiche gilt für Leguane, bunte Vögel, wie Blaufußtölpel und viele weitere Tiere. Unter Wasser sieht man Seepferdchen, Haie (z. B. Hammerhaie), Wale usw. Es ist ein Paradies für Taucher, welches man am besten auf einer Tauchsafari erkundet. Um ehrlich zu sein, sind

Tauchsafaris eher teuer, aber da es wahrscheinlich ein einmaliges Erlebnis ist, solltest Du es ernsthaft in Betracht ziehen, wenn Du in diesen Teil der Welt kommst.
Abgesehen davon kannst Du alle wichtigen Tierreviere auf Tagesausflügen besuchen (ohne teure Kreuzfahrt) und mit allem, was man braucht, wird Deine Reise auf etwa 100 – 150 Dollar pro Tag kommen. Im Folgenden kannst Du Dich über die verschiedenen Optionen informieren.

Anreise auf die Galapagos

Von Guayaquil kannst Du nach Baltera auf Santa Cruz (die Hauptstadt ist Puerto Ayora) oder nach San Cristobal fliegen. Schon bevor Deine Taschen durchsucht werden, musst Du einen Touristenpass für $20 kaufen. Dann wird Dein Gepäck gründlich durchleuchtet, ob Du Lebensmittel oder tierische Produkte dabei hast. Sobald Du auf den Galapagos landest, wird dasselbe nochmals gemacht. Mein Trockenfutter wie Mandeln, Kekse und Schokolade durfte ich jedoch behalten.

Wenn Du durch den Zoll gehst, musst Du zuerst weitere $100 für den Nationalpark bezahlen, bevor Du den Passstempel erhältst.

Wie man von den Flughäfen ins Stadtzentrum kommt

Meiner Meinung nach ist die beste Option, nach San Cristobal zu fliegen und dann ab Baltera zurückzufliegen.

San Cristobal ist ziemlich klein und man könnte zu Fuß vom Flughafen in die Stadt gehen (oder für $1.50 ein Taxi nehmen). Zu unserem Glück leben hier große Seelöwenkolonien. Daher kann man den Lebenstraum, Selfies mit diesen witzigen Kreaturen zu schießen, bereits am ersten Tag abhaken.

Falls Du auf Baltera ankommst oder von dort abreist

Vom Flughafen Baltera auf Santa Cruz musst Du zuerst einen Bus zu einem Meereskanal nehmen. Die Fahrt dauert 20 Minuten und das Ticket kostet $5. Dann überquerst Du in 5 Minuten für 1 Dollar mit der Fähre den Kanal. Auf der anderen Seite hast Du die Wahl zwischen einem Taxi für 25 USD für bis zu vier Personen, welches Dich zu deiner Unterkunft bringt oder einem Bus für 5 USD. Beides dauert 30 – 40 Minuten, aber der Bus wird Dich an der Bushaltestelle außerhalb von Puerto Ayora absetzen und Du brauchst ein weiteres Taxi für $1.50, um ins Stadtzentrum zu gelangen.

Um den Flughafen vom Stadtzentrum (Puerto Ayora) zu erreichen, ist die günstigste Option, um zum Kanal zu gelangen, ein Colectivo Taxi für 7 USD pro Person. Man kann es in den Unterkünften oder Reisebüros buchen. Von der anderen Seite des Kanals nimmst Du dann wieder den Bus für $5.

Sehenswürdigkeiten auf Santa Cruz

Puerto Ayora ist eine sehr touristische Stadt mit vielen Restaurants. Von 18.00 bis 22.00 Uhr hat es zudem eine Straße, an welcher frische Meeresfrüchte gegrillt und gekocht werden. Vor allem der frische Hummer ist zu empfehlen.

Fischmarkt

Wenn Du Seelöwen oder Pelikane sehen möchtest, gehst Du zu dem kleinen Fischmarkt an der Hauptstraße auf dem Weg zur Schildkrötenstation, wo der Fang des Tages verkauft wird. Die Hummersaison ist von Mitte August bis Mitte Januar.

Meeresfrüchte Straße

Dies ist der geschäftigste Ort am Abend und man kann alle Arten von Meeresfrüchten und einige andere Gerichte finden. Hummer beginnen bei $20.

Charles Darwin Forschungszentrum

Dieses Zentrum befindet sich nur 20 Gehminuten von der Stadt entfernt. Man kann über die Projekte zur Rettung der Schildkröten und andere Tiere auf Galapagos lesen und einen Blick auf die Babyschildkröten und einige der älteren Schildkröten werfen. Sie sind jedoch alle in sicheren Käfigen.

Falls Du auf den Galapagos herumreist, kannst Du die riesigen Schildkröten auch in freier Wildbahn sehen. Allerdings werden alle Babyschildkröten in diese Zuchtstation gebracht und daher ist dieses Zentrum einen Besuch wert. Darüber hinaus sind die Displays recht gut gemacht. Der Eintritt war früher gratis, aber seit 2022 kostet es $10, um die Schildkröten zu sehen.

Tortuga Bay Beach

Dieser Strand ist ein Paradies, wenn das Wetter gut ist! 1.5 km weißer Sand und hellblaue Wellen mit klarem Wasser. Es ist möglich, dort zu surfen, aber Du musst Dein Board aus der Stadt mitbringen. Das Mieten eines Boards kostet ca. 30 USD pro Tag. Der Spaziergang zur Tortuga Bay ist eine gepflegte Promenade vorbei an Kakteen und dauert etwa 40 Minuten. Es sind 2.5 km vom Eingang zum Surfstrand und dann einen weiteren Kilometer entlang des Strandes, um zu einer sicheren Badebucht zu gelangen. Diese kleine Bucht ist mit ihrem blauem Wasser, das von Mangroven gesäumt ist, sehr malerisch.
Wenn Du nicht zu Fuß gehen möchtest, kannst Du für 10 USD pro Strecke ein 20-minütiges Wassertaxi nehmen.

Salzebene und Las Grietas

Dieser Ort liegt ein 80-Cent Wassertaxi vom Hafen entfernt und dann einen 15-minütigen Spaziergang vorbei an einem kleinen Strand und den Salzebenen. Las Grietas ist eine kleine Schlucht mit klarem Wasser (es gibt allerdings nicht viel zu sehen). Wenn Du Zeit hast, lohnt sich dieser Spaziergang und es ist ein guter Ort, um sich abzukühlen, aber es könnte ausgelassen werden, ohne zu viel verpasst zu haben.

Lavatunnel im Hochland

Dieser Besuch war Teil unserer Kreuzfahrt und beinhaltete einen Besuch des Hochlandschildkrötenzuchtzentrums. Das Zentrum war schön, weil die riesigen Schildkröten frei auf dem Areal herumstreiften und man die leeren Panzer fotografieren konnte. Man kann auch einfach per Taxi auf eigene Faust hierherkommen. Ich bin mir jedoch nicht sicher, ob man den Lavatunnel ohne Führer besuchen kann, da es sich um einen dunkeln Tunnel mit zwei Teilen handelt. In der Mitte muss man durch eine ca. 30 cm. hohe Öffnung robben oder Rollen. Es war jedoch ein cooles Erlebnis, unter der harten Lava zu sein, anstatt wie an allen anderen Orten, auf ihr herumzulaufen.

Nimm die Fähre zu einer anderen Insel

Von Puerto Ayora aus kannst Du per Schnellboot für $25 bis $30 pro Strecke nach Isabela. Die Boote fahren um 7 oder 14 Uhr und es dauert etwa 2.5 Stunden. Nach San Cristobal fahren die Boote etwa zur gleichen Zeit, für $30 Dollar und brauche auch ca. 2.5 Stunden. Zudem kannst Du organisierte Tagesausflüge nach Española oder Floreana buchen.

Wenn Du mit dem Schnellboot reist, musst Du beachten, dass es eine sehr holprige Fahrt ist, der Motor ohrenbetäubend laut rattert und man nass werden oder sich einen Sonnenbrand holen könnte (auch beides gleichzeitig wäre möglich). Deshalb solltest Du:

- eine Regenjacke,
- Sonnencreme,

- eine Kopfbedeckung, die nicht weggewindet werden kann,
- etwas zu trinken,
- einen Snack
- und Ohrstöpsel oder Kopfhörer (um Musik zu hören und sich die Zeit zu vertreiben)

griffbereit haben. Viel mehr wirst Du während der Fahrt auf der offenen Rückbank nicht machen können, weil Dir auf den Wellen alles aus den Händen fliegen wird.

Sehenswürdigkeiten auf San Cristobal

Dies war unsere Lieblingsinsel als Übernachtungsmöglichkeit, da sie eine gute Infrastruktur bot, ohne zu touristisch zu sein. Bereits auf Spaziergängen kannst Du Seelöwen, Blaufußtölpel und Meeresleguane entdecken.

Schnorchle bei Muelle Tijeretas

Es ist ein schöner, 40-minütiger Spaziergang von der Stadt, um zu dieser felsigen Bucht zu gelangen. Der Weg führt vorbei an kleinen Stadtstränden mit Seelöwen und einem Interpretationszentrum, das nicht sehr gut war, aber gute Toiletten hatte.

Tijeretas ist perfekt zum Schnorcheln. Im klaren Wasser sah ich mehrere Schildkröten, viele verschiedene Fische und Meeresleguane.

Zudem lohnt es sich, zum Aussichtspunkt zu wandern.

Auf dem Rückweg konnte man zu Fuß nach Punta Carola, welches ein hübscher Strand mit vielen Seelöwen und Meeresschildkröten ist. Wenn Du dort schnorchelst, wirst

Du bestimmt auf den einen oder anderen verspielten Seelöwen im Wasser treffen.

Schnorcheln am Playa Loberia

Dieser Strand liegt hinter dem Flughafen. Du kannst in 50 Minuten zu Fuß zum Strand gehen oder für $3 ein Taxi nehmen. Falls Du auf den Galapagos noch nicht viele Strände gesehen hast oder nicht oft schnorcheln konntest, lohnt es sich, nach Playa Loberia zu gehen. Wenn Du jedoch zu wenig Zeit hast, kannst Du diesen Ort überspringen.

Tauche am Kicker Rock

Dies soll einer der besten Tauchorte auf den Galapagos sein. Von Dezember bis März hast Du eine große Chance,

Hammerhaie zu sehen. Weißspitzen-Riffhaie und Schwarzspitzen-Riffhaie kann man täglich sehen (auch an vielen anderen Orten auf den Galapagos und beim Schnorcheln). Ein Tauchausflug mit zwei Tauchgängen kostet 150 Dollar.

Isabela

Diese Insel ist wie ein Seepferdchen geformt. Eine große Vielfalt an Tieren lebt auf Isabela und um die Insel herum. Wenn Du auf Isabela übernachtest, könntest Du am 3 km langen, weißen Strand entspannen und bei ***El Estero*** Blaufußtölpel beim Fischen zuschauen. Ein weiterer schöner Aussichtspunkt auf dem Weg ist ***Playa del Amor***.

Auf Isabela gibt es zudem ein weiteres **Schildkrötenschutzzentrum**. Von dort aus führt ein Holzsteg durch ein Feuchtgebiet, in welchem man **Flamingos** beobachten kann.

All diese Orte erreicht man am besten per Fahrrad.

Eine beliebte **Wanderung führt zum Krater des Vulkans** auf Isabela. Allerdings ist es schwer, klare Aussichten zu haben und wenn Du noch mehr Zeit in Südamerika hast, gibt es schönere Vulkane, die man erkunden kann.

Die Highlights auf Isabela sind die Touren zu *Tintoreras* und *Los Tuneles*.

Los Tuneles

Los Tuneles liegt eine 1.5-stündige Fahrt mit dem Speedboot von Isabela entfernt. Auf dem Weg hast Du die

Chance, Wale und Delfine zu sehen. Los Tuneles (Felsbögen die nah über dem Meerwasser schweben) sind ein Besuch wert, da man höchstwahrscheinlich Seepferdchen sehen kann. Suche jedoch nicht nach winzigen Kreaturen, denn sie sind größer als 10 Zentimeter und ziemlich dick!
Es gibt nur zwei Boote pro Tag, die Los Tuneles besuchen und Tickets sind schnell ausverkauft, obwohl diese halbtägige Schnorcheltour 120 – 140 Dollar kostet. Ja, dieser Ausflug ist teuer, aber er ist der Lieblingsort vieler Touristen auf Galapagos.

Tintoreras

Dieser Schnorchelplatz liegt direkt vor Isabela (10-minütige Bootsfahrt). Das Tolle daran ist, dass es einen Kanal gibt, in welchem sich Weißspitzenhaie ausruhen. Wir sahen 25, als wir dort waren und anscheinend ist das eher eine niedrige Zahl.
Während der Schnorchelaktivität sahen wir mehrere Adlerrochen, einen Marmorrochen, Pinguine, Schildkröten und Seelöwen.

DIY-Trip auf den Galapagos

Jetzt kennst Du alle Orte, die Du auf einem Do-It-Yourself-Ausflug nach Galapagos besuchen könntest und solltest. Ich schlage vor, dass Du je 2 bis 3 Nächte auf Isabela, Santa Cruz, und San Cristobal verbringst. Nach 10 Tagen auf Galapagos wirst Du sicherlich zufrieden sein, weil Du das Gefühl hast, alles gesehen zu haben. Für ca. 1300 Dollar für 10 Tage ist es möglich, diese traumhaften Inseln zu erkunden.

Last-Minute-Kreuzfahrt vs. vorgebuchte Kreuzfahrt

Eine Kreuzfahrt rund um Galapagos ist der perfekte Weg, um die Inseln und viele verschiedene Schnorchelplätze zu sehen. Erstens musst Du Dich dann nicht mit den holprigen, unbequemen und Zeitfressenden Speedbootfahrten zwischen den Inseln herumschlagen und zweitens ist es einfach schön, ein paar Tage auf einem Boot zu leben, es sein Zuhause zu nennen, immer den Ozean um sich herum zu haben (es besteht die Chance, Wale und Delfine zu beobachten) und in der Nacht die Milchstraße und Tausende von Sternen zu sehen. Drittens kann man einige Orte der Galapagos ausschließlich auf einer Kreuzfahrt besuchen (beispielsweise die Rückseite von Isabela und die berühmten Tauchplätze Darwin und Wolf).

Der Vorteil einer vorgebuchten Kreuzfahrt ist, dass Du das Schiff und die Route selbst auswählst und die genauen Daten kennst. Bei Last-Minute Kreuzfahrten erhältst Du nur noch das, was übrig ist. Das Negative an vorgebuchten Kreuzfahrten ist, dass 5-tägige Touren bei $2200 beginnen.

Last-Minute-Kreuzfahrt auf den Galapagos

Ich habe für 1500 Dollar eine 8-tägige Last-Minute-Kreuzfahrt gemacht und hatte eine fabelhafte Zeit. Allerdings würde ich jetzt ein paar Dinge anders machen, was den Last-Minute-Buchungsprozess angeht. Ich denke, die perfekte Balance eines Besuches der Galapagos ist eine 5-Tägige Kreuzfahrt entlang der Rückseite von Isabela oder eine Kreuzfahrt nach Darwin und Wolf. Den Rest der Inseln kann man dann per DIY Inselhopping mit den

Schnellbooten besuchen (die Schnellboote jeweils mindestens am Vortag buchen).

Was Du über die Buchung einer Last-Minute-Kreuzfahrt wissen musst, ist, dass die meisten Boote vom Baltera Flughafen (nicht dem Hafen in der Stadt) abfahren. Daher musst Du möglicherweise die lästige Reise zum Baltera Flughafen auf Dich nehmen, um zu Deiner Kreuzfahrt zu gelangen, nachdem Du sie im Stadtzentrum gebucht hast. Stelle sicher, dass die Tour den Taxitransport zum Kanal beinhalten oder gehe zum nächsten Reisebüro, um einen besseren Deal zu finden. Es lohnt sich, Preise zu vergleichen, aber *Agencia GalapSurfIslands* an der Kurve in der Straße in der Nähe des Fischmarktes, sowie *Bridmartours S.A.* in der Nähe der Fischmarktstraße schienen die besten Preise zu haben.

Wenn Du eine bestimmte Route im Auge hast, kannst Du online recherchieren, wann Boote für diese Routen abfahren und kommst ein oder zwei Tage vorher nach Santa Cruz. Jedoch fahren die meisten Boote jeweils am Freitag und Samstag los.

Das günstigste Boot (Golondrina) mit winzigen Kajüten-Bett-Kabinen kann auf 1350 USD heruntergehandelt werden für eine 8-tägige Reise. Wenn Du die Kabine mit jemandem teilst, den Du kennst, ist es okay. Ansonsten fühlt sich die Kabine etwas klein an und Du wirst nur dort schlafen wollen. Die *Golondrina* fährt normalerweise zusammen mit der *Fragata* und manchmal haben die Gäste Glück, ein Upgrade für die *Fragata* zu bekommen, welche etwas geräumiger ist.

Ein Mittelklasseboot kostet 1150 bis 1500 Dollar für eine fünftägige Reise. Ein Boot mit einem Jacuzzi über 1800 Dollar.

Meine Lieblingsorte auf der Kreuzfahrt

Ich mochte Fernandina Island auf der Rückseite von Isabela, weil es beim Schnorcheln sehr viel zu sehen gab und wir für ca. 2 Sekunden einen Orca sahen. Die Killerwale sind nicht oft da, aber Du könntest das Glück haben, dass sich ein Orca 3 m neben Deinem Boot auf die Jagd auf eine Schildkröte macht.

Die schönste Insel war Chinese Hat mit weißen Stränden, blauem Wasser, roter Erde und grünen Pflanzen. Was für ein traumhafter Farbmix.

Die beste Schnorchelaktivität hatten wir auf Rabida Island, wo wir viele Fische, Seelöwen, Haie, Schildkröten und Rochen sahen.

Dinge, die Du vor der Reise nach Galapagos beachten solltest

Es ist ein abgelegener Ort, aber wenn Du über die folgenden Dinge Bescheid weißt, bevor Du hierherkommst, wirst Du eine wirklich wunderbare Zeit haben.

Bargeld ist König

Auf den Galapagos kannst Du nirgendwo mit Kreditkarten bezahlen oder ansonsten kostet es eine große Zusatzgebühr. Wenn Du also eine Kreuzfahrt für mehrere tausend Dollar kaufst, bedeutet das mehrere Trips zum Geldautomaten. ATMs findest du auf den drei größeren Inseln. Sie haben unterschiedliche Abhebungslimits und Kosten. Der beste Geldautomat, den ich beim Supermarkt am Hafen von Puerto Ayora fand, hatte ein Limit von $600 und eine Gebühr von $4.50. Am besten bringst Du schon einige Dollar von zu Hause, vor allem auch, um die Gebühren bei der Einreise am Flughafen zu bezahlen.

Das Wi-Fi reicht eventuell für Textnachrichten

Recherchiere alles, was Du nachschauen willst und lade alles herunter, was Du brauchst, bevor Du auf die Galapagos kommst. Ich habe irgendwie vergessen, maps.me für Galapagos herunterzuladen und konnte die 30mb während der ganzen 10 Tage nicht herunterladen, selbst wenn ich die mobilen Daten einschaltete. Bereite Dich daher auf einen Urlaub ohne Internet vor.

Miete einen Tauchanzug

Leider geht das Wasser hier von kalt bis eiskalt. Ich fühlte mich, als ob mein Gehirn beim Schnorcheln mehrmals erfror. Selbst mit den langen Tauchanzügen haben wir es nur geschafft, 30–40 Minuten im Wasser zu bleiben, obwohl es immer so viel zu sehen gab. Direkt an den Stränden von Santa Cruz und San Cristobal war das Schnorcheln jedoch auch ohne Tauchanzug möglich.

Packe für windige, regnerische, heiße und kalte Wetterbedingungen

Vor allem, wenn Du eine Kreuzfahrt machst, wirst Du windigem Wetter begegnen, aber auch auf den Inseln wechselt es schnell zwischen praller Sonne und kühlem Nieselregen. Packe daher die folgenden Dinge nebst Deiner üblichen Reiseausrüstung:

- Regenjacke (auch gut gegen Wind)
- warmer Pullover oder Daunenjacke
- lange Hose
- Socken
- Mütze (für die Nächte in der Bootskabine mit zu starker Klimaanlage)
- Sonnenschutz

Egal ob Du Dich für eine organisierte Kreuzfahrt oder eine DIY-Reise auf den Galapagos entscheidest, Du wirst eine atemberaubende Zeit haben. Dasselbe gilt für das Festland von Ecuador. Irgendwie wird dieses Land unterschätzt. Es verdient definitiv mehr Touristen, die die große Vielfalt Ecuadors entdecken.

Wie hat Dir dieser Reiseführer gefallen?

Für den Fall, dass dieser Reiseführer hilfreich für Dich war, würde ich eine positive Bewertung auf **Amazon** sehr schätzen und es wäre eine große Unterstützung, wenn Du Deinen Freunden von meinem Reiseführer erzählst. Vielen Dank! 😊

Einige nützliche Wörter auf Spanisch

Deutsch	Spanisch
Hallo	Hola
Wie geht es Dir?	¿Cómo estás?
Mir geht es gut und Dir?	Bien, gracias y tú?
Woher kommst Du?	¿De donde eres?
Ich komme aus ...	Soy de.. (Suiza, Alemania, Austria)
Ja	Si
Nein	No
Wo ist die Toilette?	¿Dónde está el baño/cajero?
Danke.	Gracias.
Wie viel kostet ...?	¿Cuánto cuesta...?
Tut mir leid.	Lo siento.
Bitte	Por favor
Ich muss Geld wechseln.	Necesito cambiar dinero.
Ich hätte gerne ...	Me gustaría... / Quiero...
Die Rechnung, bitte.	La cuenta, por favor.
Wasser	Agua
Hühnchen	Pollo
Ohne Fleisch	Sin carne
Guten Appetit.	Buen provecho
Wann kommt ... an?	¿Cuándo llegará...?
Bus	El autobús
Flugzeug	El avión
Boot	El barco
Wasserfall	La cascada
Rechts	Derecha
Links	Izquierda
Geradeaus	Derecho

Brauchst du noch mehr Informationen?

Falls du noch weitere Informationen benötigst, helfe ich dir gerne soweit es möglich ist. Du kannst mich folgenderweise kontaktieren oder mir auf jenen Kanälen folgen.

(b) www.swissmissontour.com
(i) @swissmissontour
(f) SwissMissOnTour
(w) www.slgigerbooks.wordpress.com
(@) swissmissstories@gmail.com

*Übrigens, da die Fotos in diesem Buch schwarz-weiß sind, kannst Du mir eine E-Mail mit einem Foto dieses Reiseführers schreiben und ich sende Dir die E-Book-Version von *I love Ecuador* gratis. Im E-Book sind die Bilder farbig.*

Weitere Reiseführer von SwissMiss on Tour

Printed in Germany
by Amazon Distribution
GmbH, Leipzig

30733983R00072